FEUER&MUT

Band 1: Dabei sein

Karl Dattinger

Impressum
Titel: *Feuer & Mut – Band 1: Dabei sein*
Autor: *Karl Dattinger, Wiener Straße 38, 3300 Amstetten, Österreich*

1. Auflage, Dezember 2025
Veröffentlichung im Selbstverlag
Druck und Vertrieb über epubli (epubli GmbH, Berlin)
Buch-Homepage: *feuerundmut.com*
Satz, Layout und Covergestaltung: *Karl Dattinger*
Herstellung: *epubli – ein Service der neopubli GmbH, Köpenicker Straße 154a, 10997 Berlin*

Inhalt

Vorwort

Dieses Buch widme ich zwei besonderen Menschen: meinem Patenkind Julian und meiner Nichte Hannah. Ihr beide seid der Grund, warum diese Geschichte überhaupt entstanden ist. Mit eurer Neugier, euren Fragen und eurem Blick auf die Welt erinnert ihr mich immer wieder daran, wie spannend und wertvoll es ist, Neues zu entdecken und mutig zu sein. In den Nachrichten und in den sozialen Medien sieht man von der Feuerwehr meist nur die Einsätze: Blaulicht, Sirenen, Flammen, verunfallte Autos. Was man selten sieht, ist alles, was dahintersteckt: unzählige Übungen, das Lernen von Geräten, Fahrzeugen und Taktik, die Kameradschaft, das Vertrauen und manchmal auch die Zweifel, sowie ganz normale junge Menschen, die sich entscheiden, für andere da zu sein.

Genau darum geht es in dieser Geschichte.

Julian, die Hauptfigur dieses Buches, ist kein Superheld. Er ist ein ganz normaler 15-jähriger Junge, der eher schüchtern ist, Technik mag und sich nicht sicher ist, ob er „mutig genug" für die Feuerwehr ist. Schritt für Schritt wächst er hinein – in die Gemeinschaft, in die Aufgaben und in die Verantwortung. Sein Weg ist erfunden, aber vieles darin ist sehr nah an der Realität vieler Freiwilliger Feuerwehren. Ich möchte mit diesem Buch das Feuerwehrleben ein Stück näher an die Menschen bringen: nicht nur die großen Einsätze, sondern auch das, was im Hintergrund passiert – das Lernen, Üben, Zusammenhalten, Wachsen. Vielleicht liest du diese Geschichte nur, weil dich Feuerwehr interessiert.

Vielleicht, weil du jemanden kennst, der bei der Feuerwehr ist. Und vielleicht gehörst du zu denen, die sich schon länger fragen:

„Trau ich mich das? Könnte ich das auch?"

Wenn dieses Buch dazu beiträgt, dass sich der eine oder die andere ein Herz fasst und den Schritt wagt, einmal bei einer Feuerwehr vorbeizuschauen – sei es als Jugendlicher oder als Erwachsener – dann hat es seinen Zweck erfüllt.

Denn echte Heldinnen und Helden tragen keinen Umhang. Manchmal tragen sie nur eine dunkelblaue Einsatzjacke und fangen damit an, beim ersten Schritt dem „Ja" zu sagen.

In diesem Sinne wünsche viel Freude beim Lesen, Mitfiebern und Entdecken. Und vielleicht auch ein bisschen Mut, deinen eigenen Weg zu gehen.

Kapitel 1

Ein ganz normaler Heimweg

Julian strich sich die blonden Haare aus der Stirn und zog den Rucksack fester auf die Schultern. Mit seinen fünfzehn wirkte er manchmal älter, als er sich fühlte – vor allem dann, wenn er allein unterwegs war und seine Gedanken lauter waren als alles um ihn herum. Die Luft war warm, fast schon drückend – so ein früher Junitag, an dem der Asphalt die Hitze speicherte und überall dieses frische Grün leuchtete. Zwischen den Häusern flimmerte das Licht, und irgendwo summten Insekten in den Hecken. Ein leichter Wind ging durch die Bäume am Gehweg und wirbelte feinen Blütenstaub und winzige, helle Blütenfetzen auf, die auf Julians T-Shirt landeten. Er wischte sie weg, ohne richtig hinzusehen. Obwohl es schon später Nachmittag war, wirkte der Tag noch lange nicht vorbei. Die Sonne stand tief, aber stark genug, dass Julian ein bisschen schneller ging – halb wegen der Wärme, halb weil er seine Gedanken loswerden wollte. Am Sportplatz hing ein Plakat am schwarzen Brett: „Freibad geöffnet". Julian blieb einen Moment hängen, als würde allein das Wort „geöffnet" schon nach Chlor, Pommes und Sommer klingen. Dann setzte er seinen Weg fort. Zuhause warteten Hausaufgaben, sein kleiner Hund Milo und ein ruhiger Abend – nichts Aufregendes. Genau das mochte Julian. Routine war sicher, berechenbar und angenehm. Während er ging, ließ er die Gedanken schweifen. In der Schule war heute viel los gewesen. Besonders die Physikstunde hatte ihn gepackt: Zahnräder, Hebelgesetze und kleine Motoren, die man zusammensetzen konnte. Technik war seine Welt – weil sie logisch war. Wenn etwas nicht funktionierte, hatte es einen Grund. Man konnte suchen, testen, verbessern. Sportlich war er zwar nicht, und der Gedanke an Fußball oder Sprinten ließ ihn innerlich seufzen, doch das störte ihn kaum. Lieber tüftelte er still an einem Projekt oder las über neue Entwicklungen, bis er alles verstanden hatte. Dann riss ihn ein Geräusch aus seinem Kopf, so scharf, dass er zusammenzuckte: ein quietschendes, panisches Kreischen von Reifen. Sekunden später folgte ein Knall, dumpf und hart. Julians Herz setzte kurz aus, als er nach vorne sah. Ein kleines grünes Auto war von der Straße abgekommen, gegen die Leitplanke geprallt, und stand nun schief auf der Fahrbahn. Rauch stieg aus dem Motorraum auf – wenig, aber genug, dass es gefährlich aussah. Unter dem Wagen tropfte etwas, und eine glänzende, dunkle Pfütze breitete sich auf dem Asphalt aus, daneben dunkle Schlieren. Kühlflüssigkeit. Öl. Julian erkannte es nicht, weil er „cool“ war, sondern weil er solche Dinge eben automatisch registrierte. Für einen Moment war er wie gelähmt. Nicht aus Neugier – aus diesem kurzen, unangenehmen Schock, wenn der

Alltag plötzlich kippt. Dann geschah etwas in ihm, schneller als er denken konnte: Instinkt. Er rannte los. Jeder Schritt fühlte sich gleichzeitig panisch und richtig an. Als Julian das Fahrzeug erreichte, bemerkte er zuerst die vielen kleinen Glasscherben auf dem Asphalt, die im Licht glitzerten, als wären sie harmlos. Waren sie nicht. Das Auto war an der Seite leicht eingedrückt, und die Seitenscheibe des kleinen grünen Wagens war zerbrochen. Beim ersten Blick ins Innere sah er eine ältere Dame hinter dem Steuer sitzen – die eine Hand noch am Lenkrad, die andere an die Stirn gepresst. Sie saß regungslos da, die Augen weit aufgerissen. Schockzustand, schoss es ihm durch den Kopf. Der Erste-Hilfe-Kurs, den er sonst eher als „Pflichtprogramm" abgespeichert hatte, war plötzlich da, als würde jemand ein Fach in seinem Gehirn aufziehen. Fast wie automatisch beugte er sich näher und sprach sie ruhig an: „Alles okay?" Die Frau antwortete nur leise, flüsternd – so undeutlich, dass Julian kaum etwas verstand. Er versuchte vorsichtig, die Tür zu öffnen, doch sie klemmte. Er schluckte, zwang sich, die Stimme ruhig zu halten, obwohl es in ihm dröhnte. „Alles wird gut. Ich bleibe bei Ihnen. Bewegen Sie sich nicht." Dann holte er sein Handy heraus; seine Finger zitterten leicht. Julian spürte, wie sein Herz raste. Welche Nummer…? Einen Moment lang starrte er auf das Display, dann schaltete sein Kopf auf Instinkt um: 122. Feuerwehr. Er tippte die Ziffern ein und drückte auf „Anrufen". Schon nach wenigen Sekunden meldete sich eine Stimme, ruhig und klar: „Notruf Feuerwehr. Wo genau ist der Notfallort?“ Wie aus der Pistole geschossen hörte Julian sich selbst antworten: „In der Lindenstraße, kurz vor der Brücke und der Kreuzung zur Wiener Straße.“ „Alles klar, Lindenstraße vor der Brücke. Was genau ist passiert?“ fragte die Stimme. Julian schluckte kurz, dann schilderte er so ruhig wie möglich: „Ein Auto ist gegen die Leitplanke geprallt. Es steht schräg auf der Fahrbahn.“ „Gibt es Verletzte oder eingeschlossene Personen im Fahrzeug?“ „Ja“, antwortete Julian sofort. „Eine Frau sitzt im Auto, sie kann nicht aussteigen. Sie ist ansprechbar, aber wirkt unter Schock.“ Ein kurzer Moment Stille, dann hörte man leise Tastaturgeräusche. „Brennt es oder sehen Sie Rauch? Läuft etwas aus dem Fahrzeug aus?“ Julian warf einen schnellen Blick zum Auto. „Kein richtiges Feuer, aber es kommt Rauch aus dem Motorraum. Und unter dem Auto läuft etwas aus… ich weiß aber nicht genau, was es ist.“ „In Ordnung. Die Kräfte der Feuerwehr werden jetzt sofort alarmiert, ebenso der Rettungsdienst.“ Die Stimme blieb ruhig, aber bestimmend. „Bleiben Sie bitte bei der Frau, sprechen Sie ruhig mit ihr und achten Sie darauf, dass sie im Auto sitzen bleibt. Bringen Sie sich selbst nicht in Gefahr. Wenn die Einsatzkräfte eintreffen, weisen Sie sie bitte ein. Können Sie das tun?“ „Ja“, sagte Julian, ohne lange zu überlegen. „Ich bleibe bei ihr.“ „Gut. Die Hilfe ist unterwegs. Bleiben Sie bitte am Unfallort und bewahren Sie Ruhe.“ Das Gespräch endete. Julian stand da, das

Handy noch in der Hand, und merkte, wie seine Atmung flach war. Aber jetzt hatte er etwas, woran er sich festhalten konnte: eine Aufgabe. Er beugte sich wieder zur Frau, sprach weiter, ruhig, so gut er es eben konnte – mehr für sie, aber auch ein bisschen für sich selbst. In der Ferne war bereits das Sirenengeheul zu hören. Blaulichter blitzten durch das flimmernde Licht des späten Nachmittags, und kurz darauf rollten die Freiwillige Feuerwehr und der Rettungswagen heran. Julian trat einen Schritt zurück, gebannt. So nah an einem echten Unfall hatte er noch nie gestanden. Die Feuerwehrleute handelten ruhig und professionell. Sie sicherten die Unfallstelle ab, bauten den Brandschutz auf – für den Fall, dass etwas Feuer fangen sollte – und erkundeten die Lage. Einer der Feuerwehrleute trat kurz zu Julian. „Du kannst jetzt hinter die Absperrung gehen“, sagte er ruhig. „Warte dort, die Kameraden vom Rettungsdienst kommen gleich noch zu dir. Und die Kollegen von der Polizei werden dir sicher ein paar Fragen zum Unfallhergang stellen wollen, wenn sie eintreffen.“ Julian nickte, trat gehorsam hinter die Absperrung und beobachtete von dort weiter das Geschehen. Er sog jede Bewegung auf, jeden Handgriff, als würde sein Kopf alles abspeichern wollen: die Kisten, die geöffnet wurden, die routinierten Worte, das klare Arbeiten ohne Hektik. Die hydraulischen Geräte – Spreizer und Schere – wurden vorbereitet. Julian kannte sie von Fotos aus Zeitungsberichten und aus dem Internet, aber in echt hatte er so etwas noch nie gesehen. Doch aus seiner Position konnte er nicht alles genau erkennen. Als er sich gerade wieder auf das Unfallfahrzeug konzentrieren wollte, kam einer der inzwischen eingetroffenen Polizisten auf ihn zu. Der Beamte wirkte ruhig und routiniert. „Die Feuerwehrleute haben gesagt, dass du der Unfallzeuge bist und du die Feuerwehr und die Rettung alarmiert hast“, begann er. Julian nickte. „Ja.“ Der Polizist bat ihn, kurz zu schildern, was er gesehen hatte. Julian erzählte in wenigen Sätzen, wie der Unfall passiert war und dass er sofort den Notruf abgesetzt hatte, da die Frau nicht aus dem Fahrzeug aussteigen konnte. „War noch ein anderes Fahrzeug oder eine weitere Person beteiligt?“, fragte der Polizist anschließend. „Nein“, antwortete Julian sicher. „So wie ich es gesehen habe, war es nur dieses eine Auto.“ Der Polizist notierte sich etwas und fragte dann nach Julians Daten. „Es kann sein, dass wir dich später noch einmal brauchen“, sagte er. „Eventuell müssen wir am Posten eine kurze Aussage aufnehmen, falls noch Fragen offen sind.“ Julian gab ihm seine Angaben. Der Polizist bedankte sich knapp, nickte freundlich und ging zurück zu seinen Kollegen. Kurz darauf kam einer der Rettungssanitäter auf ihn zu und erkundigte sich, ob er verletzt worden sei. Julian schüttelte den Kopf. „Nein, mir geht’s gut“, sagte er schnell und deutete unbewusst zum Auto. „Wie geht es der älteren Dame?“ Der Rettungssanitäter blieb freundlich, aber professionell. „Das kann ich dir im Moment noch nicht genau sagen und leider darf ich dir dazu auch nichts Genaueres sagen“, erklärte er. Dann sah er Julian anerkennend an. „Aber eines kann ich dir sagen: Es war wirklich vorbildlich, dass du so ruhig und richtig gehandelt hast.“ Julian spürte, wie ihm die Wärme ins Gesicht stieg. Er wusste nicht, was er darauf sagen sollte, also nickte er nur. Nachdem er verneinte, dass er etwas brauche, kehrte der Sanitäter zurück zum Unfallfahrzeug. Dort wurde die ältere Dame gerade von der Feuerwehr befreit. Julian blieb hinter der Absperrung stehen und beobachtete das Geschehen am Unfallfahrzeug weiter. Als die Fahrerin vorsichtig herausgeholt und in den Rettungswagen gebracht worden war, rückte ein kleines Team heran, um das Auto von der Straße zu entfernen. Ein Fahrzeugkran wurde eingesetzt, und der Wagen wurde vorsichtig angehoben. Julian bemerkte wieder die glänzende, dunkle Pfütze und das schwarze Öl, das unter dem Wagen ausgetreten war. Während er noch zusah, wie der verunfallte PKW auf das Abschleppfahrzeug gehoben und mit Gurten gesichert wurde, fiel ihm im Augenwinkel eine kleine Gruppe jüngerer Feuerwehrleute auf. Sie kamen vom Löschfahrzeug her, schulterten Behälter und nahmen Besen mit, dann gingen sie zielstrebig zu der Stelle, an der sich eine dunkle Spur auf dem Asphalt gebildet hatte. Julian blieb stehen und sah ihnen gespannt zu. Die jungen Feuerwehrleute öffneten die Behälter, streuten ein helles Granulat über die ausgelaufene Flüssigkeit und begannen, es mit den Besen zu verteilen. Ölbindemittel, dachte Julian. Die binden das Öl, bevor es jemandem zum Verhängnis wird. Er lauschte unbewusst ihren Gesprächen. Einer der Jugendlichen schien ein bisschen mehr Erfahrung zu haben als die anderen. Er erklärte ruhig, wo sie noch nachstreuen sollten, und meinte dann: „Lasst das kurz einwirken, dann kehren wir alles zusammen und geben es zur Entsorgung. Das darf nicht einfach liegen bleiben." Julian merkte, wie seine Neugier wuchs. Vor allem derjenige, der den anderen Anweisungen gab, zog seine Aufmerksamkeit auf sich. Er wirkte sicher, aber nicht überheblich, arbeitete selbst mit, schnappte sich einen Besen und half, das Granulat gleichmäßig zu verteilen. Als die Straße nach und nach sauberer aussah und die Besen kurz zur Ruhe kamen, hob der Jugendliche den Blick und bemerkte, dass Julian sie interessiert beobachtete. Nach einem Moment zögerlicher Überlegung legte er den Besen beiseite und ging zu ihm hinüber. Er sah Julian kurz prüfend an, als wolle er sicherstellen, dass er die Lage richtig einschätzte. Dann zog er eine Augenbraue hoch und deutete mit dem Kinn auf den Besen neben sich. „Sag mal… soll ich dir auch noch 'nen Besen bringen, wenn du schon so neugierig zuschaust?" Julian wurde auf der Stelle knallrot. „I-ich… äh… nein, ich wollte nur… also… ich hab nur…", stammelte er und wusste plötzlich nicht mehr, wohin mit seinen Händen. Der Junge grinste kurz, hob beschwichtigend die Hand und sagte: „Hey, hey – war nur ein Scherz." Dann wurde er wieder ernst, aber freundlich. „Bist du der, der den Unfall gesehen hat? Und den Notruf abgesetzt hat?" Julian zögerte einen Moment. Dann nickte er. „Ja… ich… ich war da. Ich konnte ihr nicht anders helfen, als den Notruf abzusetzen." Der Junge wirkte ehrlich beeindruckt. „Echt gut gemacht. Es ist leider nicht selbstverständlich, dass jemand sofort hilft. Und du hast alles richtig gemacht. Du hast uns und die Rettung geholt. Wer weiß, wie lange es gedauert hätte, bis der nächste zufällig vorbeigekommen wäre." Julian senkte kurz den Blick. Lob war ihm unangenehm, vor allem von Fremden – aber es tat auch etwas mit ihm. „Danke", murmelte er, und dann, fast verlegen: „Ihr macht das aber auch nicht schlecht." Der Jugendliche lächelte. „Danke." Er deutete auf die mit Bindemittel bedeckte Straße. „Du scheinst echt interessiert zu sein. Hast du schon mal gesehen, wie man Öl oder andere Flüssigkeiten nach einem Unfall bindet?" Julian schüttelte den Kopf. „Nein, noch nie. Aber es ist spannend… ich hab schon ein bisschen über die Arbeit der Feuerwehr gelesen, aber in echt ist das alles viel beeindruckender." Der Junge grinste kurz. „Versteh ich. Ich bin übrigens Dominic", sagte er zog seinen Handschuh aus und streckte Julian die Hand hin. „Und du?" Julian zögerte einen Augenblick, wischte sich unbewusst die Hand an der Hose ab und erwiderte dann den Handschlag. „Ich… äh, ich bin Julian." Ein zweiter Jugendlicher, der bisher mit einem Besen in der Hand neben ihnen gearbeitet hatte, hatte das Gespräch offenbar mitgehört. Er trat grinsend näher und meinte: „Warte, bis du den Spreizer und die Schere mal live siehst – das ist nochmal eine ganz andere Liga. Aber zuerst musst du lernen, wie man solche 'Kleinigkeiten' wie ausgelaufenes Öl richtig behandelt. Sonst gibt's rutschige Stellen, und jemand legt sich auf die Nase oder ein Fahrzeug kommt ins Schleudern." Dominic schmunzelte und deutete auf ihn und einen dritten Jungen, der inzwischen ebenfalls näher herangekommen war. „Das da ist übrigens Sebastian", sagte er, „und das ist Leon. Wir sind auch erst seit kurzem aktiv dabei." Leon nickte zustimmend. „Genau. Viele glauben, wir spritzen nur Wasser auf Feuer. Aber solche Sachen wie Öl binden, Straße sichern und aufräumen gehören genauso dazu – auch wenn das keiner im Fernsehen sieht." Julian spürte, wie seine Aufregung wuchs. Diese jungen Leute – nicht viel älter als er – arbeiteten hier Hand in Hand, ruhig und effizient. Und sie sprachen mit ihm, als wäre er nicht bloß ein störender Zuschauer, sondern jemand, der dazugehört. „Willst du nicht mal bei uns vorbeischauen?" fragte Dominic schließlich, während er die letzten Handgriffe erledigte. Julian schluckte schwer, sein Herz hämmerte. Die Vorstellung, Teil dieses Teams zu sein, Menschen zu helfen, im Ernstfall Verantwortung zu übernehmen, machte ihm gleichzeitig Angst – und zog ihn an wie ein Magnet. „Ich... ich weiß nicht, ob ich dafür geeignet bin...", murmelte er. Dominic sah ihn kurz prüfend an und lächelte dann. „Weißt du, Julian… ich glaub, du würdest gut zu uns passen. Man sieht, dass du wirklich interessiert bist – das ist schon die halbe Miete bei der Feuerwehr.“ Er nickte leicht in Richtung der Fahrzeuge. „Jede helfende Hand wird gebraucht, egal ob jemand vorne bei der Menschenrettung steht oder hinten beim Gerät arbeitet. Jeder Handgriff zählt. Und genau deshalb solltest du dir das vielleicht einmal in Ruhe anschauen – ganz unverbindlich.“ Er fuhr fort, als hätte er gemerkt, dass Julian am liebsten sofort wieder zurückrudern würde. „Komm einfach mal zu einer unserer Übungen vorbei. Da siehst du, wie wir jungen Kameraden alles beigebracht bekommen: Gerätekunde, Absicherung, Erste Hilfe, ein bisschen was zur technischen Menschenrettung und natürlich, wie man richtig löscht… jede Woche gibt es ein anderes Thema.“ Sebastian trat neben ihn und grinste. „Überleg’s dir einfach. Es erwartet keiner, dass du alles sofort kannst. Erst mal zuschauen, ein Gefühl kriegen, Fragen stellen. Und wer weiß – vielleicht gefällt’s dir ja so gut, dass du dableibst.“ Leon nickte still. „Und denk dran: Jeder fängt mal klein an. Du wirst bald merken, dass du deinen Platz findest.“ Ein merkwürdiges Kribbeln stieg in Julian auf: Aufregung, Neugier, ein wenig Angst – aber vor allem eine Freude, die er so noch nie gespürt hatte. Vielleicht würde sein Leben ab jetzt nie mehr ganz so normal sein wie an diesem Freitagmittag.

Kapitel 2

Nach dem Blaulicht

Julian trat einen Schritt zurück und ließ Dominic, Sebastian und Leon weiterarbeiten. Die Straße war inzwischen wieder halbwegs sauber: Das Öl und die grünliche Kühlflüssigkeit waren mit Bindemittel abgedeckt, die Absperrung stand ordentlich, und das Auto wurde vorsichtig auf der Abschleppplattform gesichert. Julian beobachtete, wie die Feuerwehrleute alles noch einmal kontrollierten, an Gurten zogen und darauf achteten, dass nichts verrutschte. Jeder Handgriff sah aus, als wäre er hundertmal geübt worden – ruhig, konzentriert, ohne Hektik. Dominics Worte hallten in seinem Kopf nach: *„Jede helfende Hand wird gebraucht. Komm zu einer Übung. Jede Woche ein anderes Thema."* Julian blieb stehen, die Hände tief in den Taschen vergraben. In seinem Bauch zog ein merkwürdiges Gefühl hin und her, wie eine Mischung aus Aufregung und Unsicherheit. War er dafür überhaupt geeignet? Mutig genug, ruhig zu bleiben, wenn es wirklich ernst wurde? Er war nicht besonders sportlich, eher leise, und meistens froh, wenn ihn niemand in den Mittelpunkt stellte. Und jetzt sollte er sich ausgerechnet in eine Gruppe stellen, in der man Verantwortung übernimmt, Entscheidungen trifft, vielleicht sogar Menschen aus Gefahr holt? Er sah zu Dominic hinüber, der gerade den letzten Gurt prüfte und dann ein kurzes

Handzeichen gab: passt. Leon half dabei, die Abschleppplattform abzusichern, während Sebastian Werkzeuge zusammensuchte und in eine Kiste legte. Die drei wirkten wie ein Team – nicht geschniegelt oder geschniegelt-cool, sondern einfach… eingespielt. Und in ihren Gesichtern lag etwas, das Julian nicht übersehen konnte: Ernst, ja, aber auch Stolz. So, als wüssten sie genau, warum sie das machten. Julian ließ den Blick über die Szene schweifen. Der Einsatz war fast vorbei, aber die Luft vibrierte noch von allem, was passiert war. Das leise Brummen des Krans, das Klacken von Metall, das Summen von Insekten im warmen Gras neben der Straße – und irgendwo weiter hinten das entfernte Rauschen von Autos, die wieder vorsichtig vorbeifuhren. Alles wirkte geordnet und trotzdem unglaublich aufregend. Als würde hinter dieser Absperrung eine Welt liegen, die Julian bisher nur aus Erzählungen kannte. Nach und nach begannen die Feuerwehrleute, ihre Geräte zu verstauen. Schläuche wurden eingerollt, Kisten zugeschoben, Türen fielen ins Schloss. Einige stiegen bereits in die Fahrzeuge ein. Das Blaulicht war aus, aber die Scheinwerfer leuchteten kurz auf, als Motoren starteten. Gerade als Julian sich umdrehte, um endlich nach Hause zu gehen – mit einem Kopf voller Bilder und Geräusche, die er nicht so schnell loswerden würde –, spürte er eine Hand auf seiner Schulter. Er zuckte zusammen und drehte sich erschrocken um. Dominic stand hinter ihm und lächelte leicht, als wäre das hier das

Normalste der Welt. „Hey, Julian", sagte er, „falls du wirklich Interesse hast… gib mir doch deine Handynummer. Dann kann ich dir Bescheid sagen, wann unsere nächste Übung ist. Oder falls du noch Fragen hast." Julian stockte kurz. In seinem Kopf ratterte es sofort los. Handynummer geben. Kontakt. Das war irgendwie… groß. Und gleichzeitig war es nur eine Nummer. Nur ein kleiner Schritt. *Wie viele Hände braucht man, damit das alles so funktioniert?* dachte er. *Und ob meine Hände jemals stark genug wären... nicht nur für Geräte – sondern für Verantwortung?* Ein Teil von ihm wollte am liebsten sofort „Ja" sagen. Alles ausprobieren. Fragen stellen. Endlich sehen, wie diese Geräte wirklich funktionieren, die er bisher nur aus Berichten und Bildern kannte. Aber der andere Teil, der vorsichtige, flüsterte: *Was, wenn du es nicht schaffst? Was, wenn du nur im Weg bist?* Dann merkte er etwas: Der Gedanke, es gar nicht erst zu versuchen, fühlte sich noch schlechter an. Er atmete einmal tief durch. „Okay…", sagte er leise, dann etwas fester: „Ja. Ich geb dir meine Nummer." Dominic grinste, zog sein Handy aus der Tasche, und gemeinsam tauschten sie die Nummern aus. Es war nur ein kurzer Moment, ein paar Tipser auf dem Display – aber für Julian fühlte es sich an, als hätte er gerade eine Tür geöffnet, von der er nicht mal gewusst hatte, dass es sie gibt. „Wir hören voneinander", sagte Dominic und klopfte ihm noch einmal kurz auf die Schulter. Dann lief er zurück zum Fahrzeug. Julian sah ihm nach, wie er einstieg und die Tür zufiel. Der Motor brummte auf, und langsam setzte sich das Feuerwehrfahrzeug in Bewegung, zurück Richtung Feuerwehrhaus. Julian blieb stehen, bis es hinter der nächsten Kurve verschwunden war. Erst dann wandte er sich ab. Er trat ein Stück zur Seite und ließ die nun ruhige Unfallstelle noch einen Moment auf sich wirken. Der Einsatz war vorbei – aber in ihm drin hatte irgendetwas erst angefangen. *Ich versuch's wenigstens*, schwor er sich. *Nur einmal anschauen. Unverbindlich. Wie Dominic gesagt hat.* Sein Herz schlug immer noch schneller als sonst. Er hielt sein Handy noch in der Hand – Dominics Nummer stand immer noch auf dem Display. Erst jetzt fiel ihm auf, dass oben mehrere verpasste Anrufe aufleuchteten. Mama. Papa. Und noch einmal Mama. Julian blinzelte, als würde er es erst sortieren müssen. „Oh… die hab ich ja ganz vergessen", murmelte er leise. Ein warmes, schlechtes Ziehen zog ihm durch den Bauch. Er war ja eigentlich längst am Heimweg von der Schule gewesen – und hätte schon vor einer ganzen Weile daheim sein sollen. Aber dann war der Unfall passiert, und plötzlich gab es nur noch das: helfen, warten, schauen, zuhören … und später Dominic, Sebastian und Leon. Julian steckte das Handy weg, atmete einmal tief durch und nickte sich selbst zu. Ich sollte mich wohl auf den Weg machen. Mit diesem Gedanken im Kopf machte er sich schließlich auf den Heimweg. Der Weg kam ihm kürzer vor als sonst. Oder er merkte ihn einfach kaum, weil sein Kopf immer wieder zum Unfall zurücksprang: die ältere Frau, der Notruf, das Sirenengeheul, die ruhigen Stimmen. Und zwischendurch immer wieder dieses Bild: Dominic, Sebastian und Leon, wie sie gemeinsam arbeiten – als wäre das selbstverständlich. Als Julian zuhause ankam, warteten seine Eltern und seine Großmutter bereits im Wohnzimmer. Noch bevor er richtig die Tür hinter sich schließen konnte, stürmte Milo heran – ein kleiner schwarzer Cocker Spaniel mit viel zu langen Schlappohren, die bei jedem Hüpfer über den Boden schlackerten. Er sprang an Julian hoch, schnupperte aufgeregt und quiekte leise, als würde er schimpfen: *„Endlich!“* Julian strich ihm kurz über den Kopf, aber sein Magen zog sich zusammen, als er die Gesichter im Wohnzimmer sah. „Wo warst du so lange?“ fragte seine Mutter. Erleichterung lag in ihrer Stimme, aber auch dieses strenge *„Das machst du nicht noch mal“*, das Eltern irgendwie automatisch können. Julian blieb im Türrahmen stehen, Milo drückte sich an sein Bein. „Sorry…“, brachte Julian heraus – und erst in diesem Moment wurde ihm bewusst, dass er gar nicht daran gedacht hatte, sich zu melden. Nicht einmal kurz. Der ganze Heimweg war ein einziger Strudel aus Adrenalin, Verantwortung und neuen Eindrücken gewesen. Sein Vater stand auf, sah ihn genau an. „Ist alles in Ordnung? Bist du verletzt?“ Julian schüttelte sofort den Kopf. „Nein. Mir geht's gut.“ Er schluckte. „Aber ich… ich hab einen Unfall gesehen.“ Sofort wurde es im Zimmer still. Sogar Milo hielt kurz inne, als hätte er verstanden, dass jetzt etwas Wichtiges kommt. Und dann sprudelte es aus Julian heraus. Er erzählte, wie das kleine grüne Auto gegen die Leitplanke geprallt war. Wie die Seitenscheibe kaputt gewesen war und wie er die ältere Dame gesehen hatte – reglos, mit großen Augen. Wie die Tür geklemmt hatte. Wie sein Herz so laut geschlagen hatte, dass er dachte, alle müssten es hören. Und wie er trotzdem das Handy rausgeholt und 122 gewählt hatte, weil er sich an den Erste-Hilfe-Kurs erinnerte und wusste: *Jetzt zählt jede Sekunde.* Er berichtete von der ruhigen Stimme am Telefon, von den Fragen, die ihn gezwungen hatten, klar zu denken. Und von der Erleichterung, als Feuerwehr und Rettung angekommen waren. Je länger er sprach, desto mehr wich die Sorge in den Gesichtern seiner Familie einem erstaunten, fast stolzen Ausdruck. „Du hast das wirklich gemacht?" fragte seine Mutter leise. Julian nickte und spürte, wie ihm plötzlich warm wurde – nicht vom Wetter, sondern weil ihm jetzt erst auffiel, was das eigentlich gewesen war. Ein echter Unfall. Und er mittendrin. „Und dann…", Julian kratzte sich verlegen am Nacken, „hab ich Jugendliche von der Feuerwehr kennengelernt. Die waren kaum älter als ich. Sie haben noch ausgelaufene Flüssigkeiten gebunden und mir erklärt, dass das genauso wichtig ist wie alles andere." Seine Großmutter sah ihn an, ruhig und warm, als hätte sie schon längst gemerkt, dass dieser Tag etwas in Bewegung gesetzt hatte. „Manchmal", sagte sie langsam, „kommt das Leben genau dann ums Eck, wenn man glaubt, es wird ein normaler Nachmittag.“ Julian musste kurz schlucken. Milo setzte sich direkt vor ihn, legte den Kopf schief und sah ihn mit seinen dunklen Augen an, als wollte er sagen: *Na? Erzähl weiter.* „Einer von ihnen… Dominic“, sagte Julian, „hat gemeint, ich soll mal ganz unverbindlich bei einer Übung vorbeischauen.“ Sein Vater hob die Augenbrauen. „Feuerwehr?“ Julian nickte. „Ja. Also… nicht gleich Einsatz oder so. Nur schauen. Lernen, wie das alles funktioniert.“ Er hörte selbst, wie vorsichtig er klang, und ärgerte sich darüber – aber gleichzeitig fühlte es sich ehrlich an. Seine Mutter setzte sich langsam wieder hin. „Und willst du das?“ Julian sah kurz zu Milo, der jetzt zufrieden mit dem Schwanz gegen den Boden klopfte, als wäre schon alles entschieden. Dann sah Julian zu seiner Großmutter, die ihn einfach nur ansah, ohne Druck, ohne Erwartung. „Ich…“, begann Julian und spürte dieses Kribbeln wieder in der Brust. Neugier. Angst. Vorfreude. Alles zusammen. „Ich glaube, ich will’s zumindest versuchen.“ Seine Großmutter lächelte. „Dann ist das vielleicht genau dein Ding“, sagte sie leise. „Nicht weil du der Lauteste bist. Sondern weil du hingeschaut hast, als andere vielleicht weggeschaut hätten.“ Julian atmete tief durch. Er war immer noch unsicher. Aber irgendwo, ganz tief drin, fühlte es sich richtig an. Und während Milo sich an sein Bein kuschelte, dachte

Julian nur noch: *Vielleicht war das heute nicht nur ein Unfall. Vielleicht war das ein Anfang.*

Kapitel 3

Ein Bild an der Pinnwand

Am nächsten Nachmittag saß Julian in seinem Zimmer, den Schulrucksack achtlos in die Ecke geworfen. Draußen stand die Luft warm über den Gärten, irgendwo brummte ein Rasenmäher – doch in seinem Kopf lief etwas ganz anderes. Die Szenen vom Vortag kamen immer wieder zurück: das kurze, schrille Quietschen der Reifen, der dumpfe Knall, die Sirenen, das geordnete Treiben der Feuerwehrleute. Und Dominic, Sebastian und Leon – wie selbstverständlich sie gearbeitet hatten, ruhig, konzentriert, als wäre das alles das Normalste der Welt. Julian rieb sich über die Stirn. Sein Herz pochte jedes Mal schneller, wenn er an die präzisen Handgriffe dachte. Gleichzeitig nagte ein Zweifel an ihm, der sich nicht so leicht wegschieben ließ: Bin ich überhaupt dafür gemacht? Kann ich wirklich Verantwortung tragen, wenn es ernst wird? Er stützte den Kopf in die Hände und starrte auf sein Bücherregal. Zwischen Physikbüchern und Technikheften standen kleine Modelle, die er irgendwann gebaut hatte – Zahnräder, ein winziger Motor, der mal eine Taschenlampe antreiben sollte, und ein zerlegtes Funkgerät, das „nur kurz" repariert werden musste und seit Monaten so dastand. Technik war seine sichere Welt. Da gab es Regeln, Ursachen, Lösungen. Aber Feuerwehr… das war nicht nur

Theorie. Das waren Menschen. Sicherheit. Entscheidungen, die man nicht zurückspulen konnte. Unten im Flur tapselten leise Pfoten. Sekunden später drückte sich Milo, der kleine schwarze Cocker Spaniel, mit seinen berühmten Schlappohren durch den Türspalt, als hätte er einen eigenen Schlüssel. Er schnupperte kurz, sprang dann mit einem kleinen Satz aufs Bett und ließ sich direkt neben Julian fallen – so nah, dass Julians Arm automatisch auf seinem weichen Fell landete. „Na super, du auch noch", murmelte Julian, aber seine Stimme klang nicht genervt. Milo blinzelte ihn an, wedelte einmal langsam und stupste ihn mit der kalten Nase an, als würde er sagen: *Jetzt hör auf zu grübeln.* Julian atmete leise aus. „Ich weiß ja selbst nicht…", flüsterte er – und kraulte Milo hinterm Ohr. Das Tier seufzte zufrieden und legte den Kopf schräg, die Schlappohren wie zwei schwarze Kommas. Da klopfte es an der halb geöffneten Zimmertür. „Julian, darf ich reinkommen?" Die warme Stimme seiner Großmutter ließ ihn aufblicken. Sie war gerade aus dem Garten gekommen, mit einer Schüssel voller verschiedener Beeren in den Händen. Ein paar Blätter klebten noch an ihrer Schürze. Sie setzte sich lächelnd auf die Bettkante, während Milo sie kurz beschnupperte und dann so tat, als wäre das natürlich sein Platz – zwischen Oma und Julian. „Hey, Oma", sagte Julian leise. Sie hielt ihm die Schüssel hin. „Blaubeeren. Himbeeren. Und bevor du sagst, du hast keinen Hunger: Milo hat auch schon geguckt." Julian musste trotz allem kurz schmunzeln. Dann fiel sein Blick wieder auf die Wand, als könnte er dort eine Antwort finden. „Ich… ich weiß nicht, ob das mit der Feuerwehr etwas für mich ist.“ Seine Großmutter legte eine Hand auf seine Schulter. „Weißt du, Julian, manchmal fühlt man sich unsicher, wenn etwas Neues beginnt. Aber Unsicherheit bedeutet nicht, dass man es nicht kann. Es bedeutet nur, dass es wichtig ist.“ Julian seufzte. „Aber ich bin nicht sportlich, nicht besonders mutig… und was, wenn ich einen Fehler mache?“ „Mut heißt nicht, keine Angst zu haben“, sagte sie ruhig. „Mut heißt, dass man seine Angst erkennt und trotzdem handelt. Du hast gestern gesehen, wie wichtig Teamarbeit ist. Wie jede helfende Hand gebraucht wird. Du musst nicht alles sofort können. Du musst nur bereit sein zu lernen.“ Milo schob sich ein Stück näher an Julian und drückte seinen Kopf gegen Julians Oberschenkel. Als hätte er die Worte verstanden. „Und weißt du was?“, fuhr die Großmutter fort und sah ihn aufmerksam an. „Seit dein bester Freund Max weggezogen ist, sitzt du fast nur noch zuhause. Du vergräbst dich in deinen Büchern und in deinen Technikthemen – und ich verstehe das. Aber vielleicht war genau dieser Unfall ein Anlass. Nicht für etwas Gefährliches… sondern dafür, dass da draußen auch etwas Neues auf dich wartet.“ Julian schluckte. „Ein Anlass…“ „Ein Schubs in die richtige Richtung“, sagte sie und lächelte sanft. „Du musst nicht der Mutigste sein. Du musst nur anfangen. Und wenn du merkst, dass es nicht passt, dann hast du es wenigstens versucht.“ Julian nickte langsam. „Vielleicht… aber ich muss mir sicher sein, dass ich das schaffe.“ „Sicher sein wirst du erst, wenn du es ausprobierst“, antwortete sie leise und strich ihm kurz über den Arm. „Und du wirst nicht allein sein. Genau dafür gibt es eine Gruppe wie die Feuerwehr.“ Als sie gerade aufstehen wollte, blieb sie im Türrahmen stehen und drehte sich noch einmal um. In ihrem Blick lag ein warmes Leuchten. Sie stand schon halb im Türrahmen, als wäre ihr beim Hinausgehen noch etwas eingefallen. Einen Moment zögerte sie, griff dann in die Tasche ihrer Schürze und zog ganz vorsichtig ein kleines, altes Foto hervor – leicht vergilbt an den Rändern, als hätte es schon viele Jahre in einer Schublade auf seinen Moment gewartet. „Ach was…“, sagte sie leise, fast wie zu sich selbst. Dann sah sie Julian an und hob das Foto ein Stück höher. „Ich hab das gestern Abend nach unserem Gespräch extra noch gesucht. Ich wollte es dir zeigen.“ Julian setzte sich automatisch gerader hin. Milo hob ebenfalls den Kopf und schnupperte kurz in die Luft, als würde er merken, dass das etwas Besonderes war. „Wer ist das?“, fragte Julian, als seine Großmutter ihm das Foto in die Hand legte. Auf dem Bild war ein Mann zu sehen, ungefähr vierzig, in einer Feuerwehruniform. Er hielt eine Urkunde in der Hand und schaute ernst in die Kamera – aber in seinen Augen lag etwas Stolzes, als hätte er gerade etwas geschafft, das ihm viel bedeutete. Julian drehte das Foto leicht, als könnte er dadurch mehr erkennen.

„Der sieht… irgendwie vertraut aus.“ Seine Großmutter nickte langsam. In ihrer Stimme lag Wärme. „Das ist dein Großvater. Damals, als er eine Auszeichnung bekommen hat. Er war bis zu seinem Ableben mit ganzem Herzen bei der Feuerwehr. Und deshalb ist es gar nicht so abwegig, dass dich das alles so fasziniert. Ein bisschen hast du das im Blut, Julian.“ Julian blinzelte überrascht und sah wieder aufs Foto. „Echt? Das wusste ich gar nicht.“ „Du warst noch ganz klein, ein paar Monate alt, als er gestorben ist“, sagte sie leise. „Aber ich glaube… wenn er dich gestern gesehen hätte – wie du ruhig geblieben bist, geholfen hast und nicht weggeschaut hast… dann wäre er stolz auf dich.“ Julian schluckte. Seine Finger glitten vorsichtig über das Papier, als hätte er Angst, es könnte zerbrechen. Die Großmutter lächelte sanft. „Und du darfst das Foto behalten. Es gehört zu dir.“ „Ich… wirklich?“, fragte Julian. „Ja“, sagte sie bestimmt. „Häng es dir hin. Damit du's siehst. Nicht als Druck – sondern als Erinnerung.“ Julian nickte nur. Dann stand er auf, ging ohne lange zu überlegen zu seiner Pinnwand neben dem Schreibtisch und steckte das Foto mit einer Reißzwecke fest. Genau daneben, wo sonst nur Stundenplan und ein paar technische Skizzen hingen. Als er einen Schritt zurücktrat, sah er es noch einmal an – den Mann in Uniform, die Urkunde in der Hand. Und plötzlich fühlte sich die Idee, zur Feuerwehr zu gehen, nicht mehr ganz so fremd an. Seine Großmutter blieb einen Moment im Türrahmen stehen, als würde sie prüfen, ob alles am richtigen Platz war. Dann lächelte sie ihm noch einmal zu – und zog die Tür sanft hinter sich zu. Julian blieb allein zurück. Einen Moment lang war es still im Zimmer, nur Milo schnaubte leise und rollte sich zufrieden zusammen. Julian starrte an die Decke, als könnte er dort die nächste Szene sehen. Dann griff er nach seinem Handy – fast nervös – und entsperrte es. Dominics Nachricht war noch da: *„Hey Julian, komm nächste Woche Donnerstag zu unserer Übung. Du siehst alles, lernst die Geräte kennen und bekommst einen Eindruck, wie wir trainieren. Jede Woche ist ein anderes Thema. Mein Gruppenkommandant und Feuerwehrpate Christoph hat mich gestern gefragt, wer du warst – er hat gesehen, wie wir am Einsatzort die Nummern getauscht haben. Ich hab ihm erzählt, dass du der Ersthelfer beim Unfall warst und dich sehr für die Feuerwehr interessierst. Er findet es eine richtig gute Idee, wenn du mal zu einer Übung vorbeikommst und dir selbst ein Bild von uns machst. Wir würden uns echt freuen, wenn du kommst!"* Julian ließ den Text noch einmal durch seine Gedanken laufen. „Feuerwehrpate… Gruppenkommandant…" Das klang alles groß. Ernst. Und genau das machte ihn nervös. Seine Finger schwebten über der Tastatur – und zögerten. „Milo", flüsterte er, als bräuchte er einen Zeugen. „Was meinst du?" Milo hob den Kopf, blinzelte – und gähnte so übertrieben, dass Julian kurz lachen musste. Es war keine Antwort, aber irgendwie war es…

beruhigend. Julian klappte seinen Laptop auf. Wenn er schon nicht wusste, ob er dafür gemacht war, dann wollte er es wenigstens verstehen. Wie es wirklich war. Er tippte in die Suche: „Freiwillige Feuerwehr Österreich“, dann „hydraulische Rettung“, „Übungen Jugendfeuerwehr“, „Einsätze Verkehrsunfall“. Er klickte sich durch Fotos von Einsatzfahrzeugen, Übungsszenarien, Berichte aus der Region. Und dann blieb er hängen. Auf einer Bilderreihe, die ihm plötzlich bekannt vorkam. Da waren sie. Dominic, Sebastian und Leon – auf Fotos bei Übungen und Einsätzen. Sie sicherten Fahrzeuge, trugen Material, standen in voller Ausrüstung nebeneinander und sahen nicht aus wie „Kinder, die Feuerwehr spielen“. Sie sahen aus wie ein Team. Wie Leute, auf die man sich verlassen konnte. Julian lehnte sich zurück, die Augen weit geöffnet. Das war real. Das waren echte Jugendliche, die Verantwortung trugen. Genau wie er es sich vorgestellt hatte. Und wenn sie das konnten… Dann konnte er es vielleicht auch. Ein Kribbeln stieg in ihm auf – eine Mischung aus Aufregung, Nervosität und etwas, das sich fast wie Vorfreude anfühlte. Milo setzte sich auf, als hätte er gespürt, dass etwas kippt. Seine Schlappohren wackelten, als er den Kopf schieflegte. Julian atmete tief durch. Dann tippte er – erst langsam, dann entschlossener: *„Okay, ich komme. Ich will es versuchen.“* Er drückte auf Senden. Für einen Moment fühlte es sich an, als wäre ein Stein von seiner Brust gerutscht. Nicht, weil plötzlich alles sicher war – sondern weil er eine

Entscheidung getroffen hatte. Julian legte das Handy weg, lehnte sich zurück und streichelte Milo über den Rücken. Draußen sang irgendwo ein Vogel. Und in seinem Kopf war da dieser Satz von seiner Großmutter, der sich festsetzte wie ein kleiner Anker: Mut bedeutet nicht, keine Angst zu haben. Mut bedeutet, trotz der Angst etwas zu wagen. Julian sah Milo an und murmelte: „Na gut. Dann wagen wir's."
Milo wedelte einmal, als hätte er genau darauf gewartet.

Kapitel 4

Das erste Schnuppern

Am Donnerstagabend spürte Julian schon beim Schuhe anziehen wieder dieses Kribbeln im Bauch. Er blieb einen Moment vor seiner Pinnwand stehen. Neben dem Schreibtisch hing noch immer das alte Foto seines Großvaters in Feuerwehruniform – das mit der Urkunde in der Hand. Julian strich kurz mit den Fingern über den Rand, als könnte er sich damit Mut holen. Auf dem Flur hörte er Milo tapsen. Der kleine schwarze Cocker Spaniel schob seine Schlappohren neugierig nach vorn und sah Julian an, als wollte er sagen: *Und? Wohin geht's?* „Diesmal bleibst du daheim, Kumpel", murmelte Julian und kraulte ihn kurz hinterm Ohr. Milo schnaufte empört, wedelte aber trotzdem. Als Julian die Haustür öffnete, schlüpfte der Hund noch schnell bis zur Schwelle, blieb dort stehen und schaute ihm nach, bis Julian die Tür leise zuzog. Draußen war die Luft mild, so ein früher Juniabend, an dem es viel länger hell bleibt, als man denkt. Die Straßen waren ruhig. Irgendwo brummte ein Auto in der Ferne, und aus einem Garten roch es nach frisch gemähtem Gras. Julian ging nicht zu schnell, aber auch nicht langsam. Er merkte, dass seine Beine von selbst einen gleichmäßigen Rhythmus fanden – als wollten sie ihm sagen: *Jetzt gibt's kein Zurück mehr.* Je näher er dem Feuerwehrhaus kam, desto mehr veränderte sich alles in seinem Kopf. Als er das Gebäude sah, blieb er kurz stehen. Er kannte den Ort – aber bisher nur aus einer anderen Welt. *Beim letzten Mal war Feuerwehrfest*, dachte er. Musik, Lachen, Essensstände, Menschen, die über den Hof schlenderten, als wäre das hier einfach nur ein gemütlicher Treffpunkt. Heute war es stiller. Kein Fest. Kein Trubel. Nur die großen Tore, die Halle dahinter – und das Gefühl, dass drinnen Dinge passierten, die man ernst nahm. Julian atmete einmal tief durch und ging weiter. Vor der Fahrzeughalle standen schon bekannte Gesichter. Dominic, Sebastian und Leon waren in ein Gespräch vertieft. Als Julian sie sah, fiel ein kleiner Druck von seinen Schultern ab. „Na schau an!" Dominic winkte. „Bereit für deinen ersten Übungsdonnerstag?" Julian nickte schüchtern. „Ja… denke schon." Sebastian grinste sofort. „Keine Sorge. Wir schmeißen dich nicht gleich ins kalte Wasser." Leon ergänzte trocken: „Und wenn doch, dann nur bildlich." Julian musste kurz lachen – und merkte, wie die Nervosität für einen Moment nachließ. „Komm", sagte Dominic. „Wir stellen dich kurz Christoph vor." Ein Mann Anfang dreißig trat auf sie zu. Ruhige Ausstrahlung, freundlicher Blick – jemand, bei dem man sofort das Gefühl hatte: Der bleibt auch dann ruhig, wenn's draußen laut wird. „Julian, das ist Christoph", erklärte Dominic. „Unser Gruppenkommandant. Und mein Feuerwehrpate." Christoph reichte Julian die Hand. „Freut mich, dass du da bist." Dann sah er ihn einen Moment ernst an – nicht streng, eher aufmerksam.

„Und nochmal: Respekt für das, was du beim Unfall gemacht hast. Du hast die Rettungskette in Gang gesetzt und genau richtig gehandelt. Das ist nicht selbstverständlich.“ Julian nickte verlegen. Die Worte fühlten sich irgendwie… groß an. Fast zu groß für ihn. Christoph ließ den Händedruck einen Tick länger, als wolle er damit sagen: *Passt schon. Du bist okay hier.* „Eine Sache noch“, fuhr Christoph fort. „Heute bist du Beobachter. „Du hast noch keine Einsatzbekleidung und keine Schutzausrüstung – ganz normal beim ersten Mal“, sagte Christoph ruhig. „Du bleibst in sicherem Abstand, und die Jungs erklären dir alles. Einsatzbekleidung bekommst du erst, wenn du dich wirklich entscheidest beizutreten.“ Dann wurde sein Blick wieder etwas lockerer, und er fügte schmunzelnd hinzu: „Also… wenn's nach den drei da geht: nächste Woche.“ Ein kleiner Teil von Julian war kurz enttäuscht – ein anderer Teil war sofort erleichtert. „Okay“, sagte er. „Verstanden.“ „Gut.“ Christoph nickte Dominic, Sebastian und Leon zu. „Ich muss kurz zur Dienstbesprechung. Wir sehen uns gleich beim Antreten.“ Dann ging er zügig Richtung Besprechungsraum. Julian schaute ihm nach, dann drehte er sich zu den anderen. „Ähm… was ist eigentlich eine Dienstbesprechung?“ Dominic erklärte leise: „Vor jeder Übung treffen sich die, die heute die Verantwortung haben – Kommandant, Stellvertreter, Zug- und Gruppenkommandanten. Kurz durchsprechen, was ansteht, wer wo eingeteilt ist, ob's was Wichtiges gibt.“ Leon nickte. „Damit nachher keiner planlos herumsteht. Im Einsatz ist das noch wichtiger.“ „Und Antreten?“ fragte Julian. Sebastian grinste. „Das ist der offizielle Start der Übung. Du wirst es gleich sehen. Ist ein bisschen… feierlich. Aber irgendwie auch cool.“ „Okay“, murmelte Julian – und spürte, wie das Kribbeln in seinem Bauch wieder stärker wurde. „Wir müssen uns noch umziehen“, meinte Dominic und warf einen Blick auf die Uhr. „Kommst du mit? Dann weißt du gleich, wo alles ist.“ Julian nickte. „Ja, gern.“ Sie gingen ein Stück in die Halle hinein. Der Geruch war sofort da: Metall, Öl, ein bisschen Gummi – und dieses klare, saubere Gefühl, als wäre alles hier an seinem Platz. An der Seitenwand standen die Spinde. Spind an Spind, davor eine lange Sitzbank. Oben auf vielen Spinden lagen Helme, manche blitzblank, manche mit kleinen Kratzern, als hätten sie schon Geschichten erlebt. Julian blieb neugierig stehen und schaute zu, wie Dominic seinen Spind öffnete. Auf der roten Klappe stand sein Name. Darunter – für Julian neu – ein kleiner Streifen mit Funktion. Dann passierte es. Dominic zog ganz selbstverständlich sein T-Shirt aus, griff nach der Einsatzhose – und stand im nächsten Moment nur noch in Boxershorts da, als wäre das die normalste Sache der Welt. Julian wurde auf einmal knallrot. Er starrte schnell irgendwo anders hin. An die Wand. An den Boden. An einen imaginären Punkt, der garantiert nicht Dominic war. Dominic bemerkte es sofort und grinste nur kurz. „Julian, du musst nicht verlegen sein. Das ist hier normal. Wir sind da nicht so… geschniegelt.“ „Ja… eh“, brachte Julian heraus und drehte sich trotzdem ein Stück weg. „Ich wollte nur… äh… ich schau mir… den Helm da an.“ Sebastian prustete. Leon schüttelte nur den Kopf, als hätte er genau das erwartet. „Wenn wir angezogen sind, gehen wir vor“, sagte Dominic, während er in die Jacke schlüpfte. „Dann zeig ich dir, wo du beim Antreten stehen kannst. Und keine Panik – beim ersten Mal versteht man sowieso nur die Hälfte.“ „Super“, murmelte Julian. *Die Hälfte klingt gerade schon ambitioniert.* Als die drei fertig umgezogen waren – Einsatzhose, Jacke, Stiefel, alles in wenigen Handgriffen – gingen sie Richtung Halleneingang zurück. Dort hatten sich schon einige Mitglieder in kleinen Gruppen zusammengefunden. Es war nicht steif oder geschniegelt. Eher wie ein Ort, an den man gern zurückkommt. Sprüche, Lachen, kurze Klopfer auf Schultern. Dieses vertraute Miteinander, das Julian am Unfallort schon gespürt hatte – nur jetzt noch deutlicher. Sebastian deutete auf eine weiße Linie am Hallenboden. „Siehst du die?“ Julian blinzelte. „Die ist mir noch nie aufgefallen.“ „Glaub ich dir“, lachte Sebastian. „Da treten wir an. Züge nebeneinander, Reihen halbwegs gerade. Und du stehst heute hinten bei uns – aber ein bisschen versetzt, weil du Zivil bist.“ Dominic sagte leise: „Wenn Kommandos kommen, mach einfach mit, so gut du kannst. Dann bekommst du gleich ein Gefühl dafür.“ Julian nickte – und schluckte. Dann rief eine Stimme von vorne:

„So, antreten! Habt Acht!“ Wie auf ein unsichtbares Signal hin richteten sich alle auf. Füße nebeneinander, Rücken gerade, Blick nach vorn. Julian tat es ihnen nach – und merkte, wie er unbewusst die Luft anhielt. Der Kommandant trat mit seinem Stellvertreter vor die Mannschaft. Der Zugskommandant stand ein paar Schritte weiter vorne. Es folgten Kommandos, klare Abläufe, kurze Meldungen. Julian verstand nicht jedes Wort, aber er verstand die Stimmung: *Ordnung. Konzentration. Respekt.* Als der Kommandant begann zu sprechen, wanderte sein Blick kurz die Reihen entlang. „Bevor wir anfangen“, sagte er mit fester Stimme, „haben wir heute einen interessierten Beobachter dabei.“ Ein paar Köpfe drehten sich nach hinten. Julian spürte, wie ihm warm wurde. „Julian hat beim Verkehrsunfall letzte Woche den Notruf abgesetzt und Erste Hilfe geleistet. Unsere jungen Kameraden haben ihn motiviert, heute vorbeizukommen.“ Dominic grinste unauffällig. Leon auch. Sebastian sah aus, als würde er gleich platzen vor Stolz, obwohl es gar nicht um ihn ging. „Julian“, fuhr der Kommandant fort, „viel Spaß bei der Übung. Nachher würde ich gern kurz mit dir reden.“ Julian nickte schnell. Mehr brachte er gerade nicht zusammen. Dann ging es um die Übungsthemen. Erster Zug, zweiter Zug – und als Christoph für den dritten Zug „Grundlagen Menschenrettung“ sagte, spürte Julian, wie sein Herz nochmal einen Tick schneller wurde. *Das. Genau das.* „Zur Übung abtreten!“ Die Reihen lösten sich geordnet auf. Es war, als hätte jemand einen Schalter umgelegt: eben noch streng und gerade, jetzt sofort Bewegung – aber trotzdem nicht chaotisch. Julian stand einen Moment überfordert am Ende der Linie. Wohin jetzt? Da deutete Leon unauffällig zu sich. Julian atmete durch und ging zu ihnen. Dieses kleine Gefühl von „Ich hab hier jemanden“ war plötzlich extrem wichtig. Wenig später standen sie in der Waschbox. Ein Übungsauto war vorbereitet, fixiert, sauber positioniert. Ein älterer Gruppenkommandant – heute als Ausbilder – begrüßte die Jugendlichen kurz und erklärte, was am Programm stand: Absicherung, Gerätekunde, Grundhandgriffe am hydraulischen Rettungssatz. „Bevor überhaupt jemand an Tür oder Säule denkt“, sagte er, „wird das Fahrzeug gesichert.“ Er klopfte mit der Hand auf eine Stelle am Auto. „Jede Bewegung, die wir verursachen, spürt im Ernstfall die Person drinnen. Darum arbeiten wir kontrolliert. Und wir arbeiten zusammen.“ Julian hörte aufmerksam zu. Es klang logisch – aber vor allem klang es verantwortungsvoll. Der Ausbilder nahm den Spreizer in die Hand und hob ihn so, dass alle ihn gut sehen konnten. Julian schluckte unwillkürlich. Er kannte solche Geräte nur von Fotos aus Zeitungsberichten und aus dem Internet – diese typischen Bilder, wenn ein Auto aufgeschnitten wird und überall Blaulicht ist. Aber das hier war anders. In echt wirkte der Spreizer nicht wie „ein Werkzeug“, sondern wie ein schweres Stück Technik, das man nur mit Respekt anfasst. „Das ist das Herzstück vom hydraulischen Rettungssatz“, erklärte der Ausbilder ruhig. „Damit können wir eingeklemmte Personen befreien – aber das Ding ist kein Spielzeug. Wir arbeiten hier mit enormem Druck, weit über sechshundert Bar. Das heißt: Leitungen dürfen nicht geknickt oder beschädigt werden, und Hände haben an beweglichen Teilen absolut nichts verloren. Quetschgefahr.“ Er deutete kurz zur Schlauchkupplung und den Leitungen. „Und bei uns kommt noch was dazu: Unser Rettungssatz hat zwei getrennte Kreise, damit man im Einsatz Schere und Spreizer gleichzeitig nutzen kann. Damit ihr sofort erkennt, was wohin gehört, sind die Schläuche farbig – einer gelb, einer rot. Nicht, weil's hübsch aussieht, sondern damit keiner im Stress die falsche Leitung erwischt oder irgendwo durcheinanderkommt.“ Dann zeigte er auf den Gerätegriff. „Und damit ihr nicht erst lange überlegen müsst, ist das simpel gebaut.“ Er zeigte auf den Bolzen, der quer durch den ganzen Griff ging. „Das ist kein kleiner Knopf – das ist ein richtiger Bolzen. Der geht komplett durch den Griff durch und steuert die Hydraulik direkt. Ganz simpel, ganz direkt.“ Er tippte erst auf das eine Ende, dann auf das andere. „Am einen Ende ist er spitz, am anderen rund. Und du kannst ihn nicht drehen – du kannst ihn nur drücken.“ Seine Stimme blieb ruhig, aber man hörte, dass er wollte, dass es wirklich hängenbleibt. „Drückst du das spitze Ende, passiert der Arbeitsgang: Beim Spreizer gehen die Backen auf, bei der Schere schließen sich die Messer, und beim Rettungszylinder, den wir meistens einfach Stempel nennen, fährt er aus. Drückst du das runde Ende, läuft alles umgekehrt: Der Spreizer geht wieder zu, die Schere öffnet sich, und der Stempel fährt wieder ein.“ Er ließ den Griff los und sah in die Runde, kurz streng, aber nicht unfreundlich. „Merkt euch das. Drückst du hier, macht's auf. Drückst du hier, macht's zu. Aber bevor man drückt, denkt man. Immer.“ Julian beobachtete, wie Dominic und Leon die Bewegungen trocken nachmachten – langsam, kontrolliert, als würde jeder Handgriff schon zählen. Der Ausbilder zeigte die Geräte zuerst ohne laufende Hydraulik, nur damit jeder die Haltung und die Führung verstand. Dann, zu Julians Überraschung, reichte er ihm den Spreizer. „Nur halten“, sagte er. „Fühl das Gewicht. Bedienen darfst du ihn noch nicht.“ Julian nahm das Gerät vorsichtig an – und musste sofort beide Hände fester nehmen, weil es schwerer war, als er erwartet hatte. Kühl, massiv, irgendwie… endgültig. Für einen Moment war er völlig still, weil sein Kopf gleichzeitig dachte: Das ist Technik, und sein Bauch sagte: Das ist Verantwortung. Nach ein paar Sekunden nahm der Ausbilder ihm den Spreizer wieder ab, nickte knapp und wechselte das Gerät. „So. Und jetzt zur Schere.“ Alle wurden automatisch wieder aufmerksam. Der Ausbilder hob die hydraulische Schere hoch, hielt sie kurz ruhig in der Luft und sagte: „Mit der Schere schneiden wir, wenn wir Platz schaffen müssen.

Säulen, Teile vom Rahmen – alles, was im Weg ist.“ Dann wurde seine Stimme noch ein Stück ernster. „Aber genau hier passieren die gefährlichsten Fehler. In modernen Autos stecken in den Säulen und in den Bereichen rund um Gurte und Sitze oft Gurtstraffer, Gasgeneratoren und Airbag-Komponenten. Wenn ihr da blind hineinschneidet, kann's richtig böse enden – für euch und für die Person im Fahrzeug.“ Er klopfte mit den Fingern gegen eine Verkleidung und machte die Bewegung, als würde er sie vorsichtig lösen. „Darum gilt: Bevor ihr schneidet, schaut ihr, so gut es geht, was dahinter ist. Verkleidung weg, Blick rein. Wo laufen Gurte? Wo könnte ein Gurtstraffer sitzen? Wenn ihr euch nicht sicher seid, setzt ihr den Schnitt woanders. Nicht stolz sein, sondern klug.“ Dann setzte er die Schere an einer sicheren Stelle an, ließ die Backen langsam schließen und zeigte, wie das Metall erst widerstand, dann nachgab. Das Knacken hallte kurz in der Waschbox nach – und Julian spürte, wie ihm trotz der Ruhe im Raum ein kleiner Schauer über den Rücken lief. „Nicht schnell“, sagte der Ausbilder. „Sicher.“ Zum Schluss nahm er den Zylinder – den Stempel – hoch. „Und jetzt die Frage: Wozu brauchen wir den, wenn wir Spreizer und Schere haben?“ Stille. Dominic meldete sich. „Wenn zum Beispiel die Füße vom Fahrer eingeklemmt sind.“ „Genau richtig“, nickte der Ausbilder zufrieden. „Wenn der Fußraum eingedrückt ist, schaffen wir mit dem Stempel kontrolliert Platz. Mit Aufsatz, mit sauberem Ansatz, zwischen stabilen

Punkten. Aber das machen wir ein anderes Mal in Ruhe – heute ist die Zeit knapp.“ Julian stand da und merkte, wie sich sein Respekt noch einmal vertiefte. Das waren keine „coolen Geräte“. Das war Verantwortung in Metallform. Und Teamarbeit, die im Ernstfall wirklich Leben retten konnte. Am Ende der Übung ließ der Ausbilder die Gruppe noch einmal zusammenkommen. „Rückbau und Ordnung gehören immer dazu“, sagte er. „Ein Gerät ist nur dann hilfreich, wenn es vollständig, sauber und richtig verstaut ist. Im Einsatz darf niemand suchen müssen. Einsatzbereitschaft beginnt nicht erst beim Alarm.“ Dann wurde aufgeräumt. Geräte wurden kontrolliert, abgewischt, verstaut. In der Waschbox wurden Splitter und Blechstücke eingesammelt. Julian half nicht mit – durfte er auch nicht wirklich –, aber er beobachtete jeden Handgriff. Und er merkte: Selbst das Aufräumen hatte hier einen Sinn. Als die Jugendlichen zu ihren Spinden gingen, sagte Dominic: „Warte kurz im Eingangsbereich. Wir sind gleich wieder da.“ Julian nickte – noch voller Eindrücke. Keine Minute später kam der Kommandant auf ihn zu. „Julian, hast du kurz Zeit? Komm bitte mit in den Besprechungsraum.“ Julian schluckte und folgte ihm. Im Besprechungsraum setzte sich der Kommandant ihm gegenüber. Dann lächelte er kurz. „Entschuldige – ich hab mich vorher noch gar nicht vorgestellt. Ich bin Andreas.“ „Julian“, sagte Julian automatisch, obwohl Andreas das längst wusste. „Wie hat’s dir gefallen?“ fragte Andreas.

Julian musste nicht lange überlegen. „Richtig gut. Ich hätte nicht gedacht, dass mich das so… packt.“ Andreas nickte, als hätte er genau das erwartet. „Und… könntest du dir vorstellen, nächste Woche wiederzukommen? Nicht nur als Beobachter.“ Julian spürte, wie sein Herz schneller schlug. Dann nickte er – diesmal ohne Zögern. „Ja. Ich glaube schon.“ „Gut.“ Andreas reichte ihm ein Formular. „Nimm das mit nach Hause. Lies es in Ruhe durch und fülle es aus. Deine Eltern müssen unterschreiben, du bist ja noch nicht volljährig. Und bring es nächste Woche bitte ausgefüllt wieder mit, dann können wir das offiziell aufnehmen.“ Er klopfte mit dem Finger kurz auf die obere Ecke des Blatts, als würde er den Ablauf gleich mit markieren. „Und noch was: Komm nächste Woche ein bisschen früher. Bevor's richtig losgeht, brauchst du noch eine kurze Routine-Untersuchung beim Feuerwehrarzt. Nichts Wildes – reine Formsache. Wir schauen einmal kurz, ob alles passt, und dann kannst du ganz normal mit starten.“ Julian bedankte sich, verabschiedete sich höflich und ging zurück in die Fahrzeughalle. Dort warteten Dominic, Sebastian und Leon schon, als hätten sie die ganze Zeit darauf gewartet. Sebastian rief: „Uuund?“ Julian antwortete nur mit einem breiten Grinsen. „Na endlich“, lachte Leon. „Willkommen.“ Dominic klopfte ihm auf die Schulter, und Julian spürte dieses warme Gefühl, das er am Unfallort schon kurz gehabt hatte: *Hier könnte ich dazugehören.* Er hätte am liebsten noch länger geredet, aber er dachte an seine

Eltern – und daran, wie es letztes Mal war, als sie ihn nicht erreicht hatten. „Ich muss los", sagte er widerwillig. „Ich hab versprochen, dass ich heute pünktlich bin." „Versteh ich", meinte Dominic. „Aber nächste Wochc bist du wieder da." „Ganz sicher", sagte Julian. Mit der Beitrittserklärung in der Tasche und einem neuen, ungewohnten Stolz im Bauch wollte er gerade zur Tür hinaus, da rief ihn jemand zurück. „Julian?" Ein Mann, den er noch nicht kannte, kam auf ihn zu. „Hallo, ich bin Patrick", stellte er sich vor. „Der Zeugmeister. Ich bin für Geräte und Kleidung zuständig." Julian nickte schnell. Patrick lächelte. „Ich hab gehört, du willst bei uns anfangen. Wenn deine Eltern zustimmen: Komm morgen Abend kurz vorbei. Dann schau ich, dass du deine Einsatzkleidung bekommst. Damit du nächsten Donnerstag nicht mehr nur zuschauen musst." Julian spürte, wie ein breites Lächeln in seinem Gesicht festhing. *Einsatzkleidung.* Allein das Wort fühlte sich plötzlich echt an. Dominic, Sebastian und Leon hatten jedes Wort gehört. Dominic war sofort da: „Wenn du willst, sind wir morgen auch da. Dann zeigen wir dir alles in Ruhe." Leon nickte. „Und wenn du bei irgendwas unsicher bist – frag. Wirklich." Sebastian grinste: „Außerdem ist's zu viert viel lustiger, wenn man seinen ersten richtigen Feuerwehrabend hat." Julian nickte dankbar. „Ja. Das wär richtig cool."

Kapitel 5

Die Entscheidung

Julian kam nach der ersten Übung mit einem strahlenden Gesicht nach Hause. Schon im Stiegenhaus hörte er das vertraute Trappeln – Milo, der kleine schwarze Cocker Spaniel, war wie ein wirbelnder Fellball zur Tür geschossen. Schlappohren, wackelnder Schwanz, Kopf schief, als würde er fragen: *Und? Was hast du erlebt?* Julian lachte leise, ging in die Hocke und kraulte ihn kurz zwischen den Ohren. „Hey, Milo… du glaubst nicht, was heute war." Sein Herz pochte noch immer vor Aufregung. In seinem Kopf liefen die Bilder in Dauerschleife: die große Feuerwehrhalle, der Geruch nach Metall und Öl, das Hallen der Stimmen, das klare „Habt Acht!", das dumpfe Echo zwischen den Fahrzeugen – und dieses unfassbare Gefühl, den Spreizer einmal in den Händen gehalten zu haben. Nicht als Spielzeug, sondern als etwas, das man nur mit Respekt anfasst. Mit Milo dicht hinter sich stapfte Julian ins Wohnzimmer. Seine Eltern saßen auf der Couch, der Fernseher lief leise im Hintergrund, aber Julian merkte sofort: Heute hatte er keine Chance, einfach „passt schon" zu sagen und in sein Zimmer zu verschwinden. „Mama, Papa, ihr müsst mir zuhören!" platzte es aus ihm heraus. „Ich war heute bei der Feuerwehr und… es war unglaublich!" Seine Mutter hob die Augenbrauen. „Oh, wirklich? Schon wieder diese Feuerwehr-Idee?“ Sein Vater verschränkte die Arme. „Julian, du bist fünfzehn. So etwas kann gefährlich sein. Du weißt doch, wie schnell das außer Kontrolle geraten kann.“ Julian schluckte kurz – nicht, weil er keine Antwort hatte, sondern weil er merkte, wie sehr sie es ernst meinten. Und gleichzeitig spürte er dieses warme Kribbeln in der Brust, das ihn nicht mehr losließ. „Ich weiß“, sagte er schnell. „Ich weiß, dass es gefährlich werden *kann*. Aber genau deshalb ist dort alles… so streng organisiert. Nichts passiert einfach so.“ Er setzte sich nicht einmal richtig hin. Er stand da, leicht nach vorne gebeugt, als würde er die Worte festhalten müssen, damit sie ihm nicht wieder aus den Händen rutschen. „Ich durfte heute nicht einfach irgendwas machen“, erklärte Julian. „Christoph hat gleich gesagt: Beim ersten Mal bin ich nur Beobachter. Ohne Einsatzbekleidung und ohne Schutzausrüstung gehst das nicht. Punkt. Und die richtige Kleidung bekomme ich erst, wenn ich mich wirklich entscheide beizutreten.“ Er musste kurz grinsen, weil ihm der Satz wieder einfiel. „Er hat's sogar scherzhaft gesagt: ‚Also… nächste Woche.‘“ Seine Mutter blieb skeptisch. „Und du warst trotzdem bei den Geräten?“ „Ja – aber nur so, wie es sicher ist.“ Julian nickte eifrig. „Der Ausbilder hat mir den Spreizer nur zum Halten gegeben. Nur das Gewicht spüren. Nicht bedienen. Und er hat dauernd wiederholt, dass man vorher denkt und nicht einfach drückt.“ Er holte Luft, weil er am liebsten alles auf einmal erzählen wollte.

„Weißt du, Papa… ich kenne diese Geräte bisher nur von Fotos aus Zeitungsberichten und dem Internet. So diese typischen Bilder, wenn ein Auto aufgeschnitten wird und überall Blaulicht ist. Aber in echt ist das völlig anders. Es ist schwer. Es ist laut. Und es hat Regeln.“ Sein Vater ließ die Arme noch verschränkt, aber seine Stirn legte sich in Falten. „Was für Regeln?“ Julian merkte, wie ihm das half. Eine konkrete Frage. Etwas, das er erklären konnte. „Zum Beispiel: Der hydraulische Rettungssatz arbeitet mit extremem Druck, weit über sechshundert Bar. Deshalb dürfen die Leitungen nicht geknickt oder beschädigt werden, und Hände haben an beweglichen Teilen absolut nichts verloren – Quetschgefahr.“ Er machte eine kleine Pause, damit sie ihm folgen konnten. „Und das war nicht nur so dahingesagt. Die haben das wirklich ernst genommen.“ Dann wurde Julians Stimme ein bisschen lebendiger – weil Technik seine Welt war. „Und das fand ich so schlau: Der Rettungssatz hat zwei getrennte Leitungen beziehungsweise Kreise, damit man im Einsatz Schere und Spreizer gleichzeitig verwenden kann. Damit niemand verwechselt, was wohin gehört, sind die Schläuche farbig – einer gelb, einer rot. Nicht weil's cool aussieht, sondern weil im Stress niemand durcheinanderkommen soll.“ Seine Mutter schaute ihn an, als würde sie ihn gerade neu sortieren. Nicht mehr nur als „Kind, das sich in etwas verrennt“, sondern als Julian, der wirklich zugehört hatte. „Und dann war da dieser Bedienhebel“, fuhr Julian fort.

„Der ist gar nicht kompliziert, aber genau dadurch gefährlich, wenn man nicht nachdenkt. Da geht ein Bolzen durch den Griff – auf der einen Seite spitz, auf der anderen rund. Du drückst die eine Seite und das Gerät arbeitet. Du drückst die andere Seite und es geht zurück. Ganz simpel. Aber der Ausbilder hat gesagt: *Simpel heißt nicht harmlos.*“ Sein Vater atmete hörbar aus. „Und wenn jemand einen Fehler macht?“ „Dann wird's sofort korrigiert“, sagte Julian ehrlich. „Und noch was: Bei der Schere haben sie extra erklärt, wo die Gefahren sind. In modernen Autos können in Säulen und bei Gurten Gurtstraffer, Gasgeneratoren und Airbag-Komponenten sitzen. Wenn du da blind reinschneidest… kann das richtig böse enden. Deshalb schauen sie, wenn möglich, vorher hinter die Verkleidung. Erst sehen, dann entscheiden. Nicht stolz sein, sondern klug.“ Im Raum wurde es für einen Moment still. Milo legte sich inzwischen neben Julian auf den Teppich und beobachtete das Gespräch mit diesem typischen Cocker-Blick – als würde er auch alles verstehen wollen. „Ich verstehe eure Sorge“, sagte Julian leiser. „Wirklich. Aber heute hat es sich nicht gefährlich angefühlt. Es hat sich… verantwortungsvoll angefühlt. Und Dominic, Sebastian und Leon… die sind nicht viel älter als ich. Die nehmen das ernst. Die passen aufeinander auf.“ Seine Mutter schüttelte langsam den Kopf. „Wir machen uns einfach Sorgen, Julian. Feuerwehr ist kein ungefährlicher Ort.“ Julian spürte, wie seine Motivation für einen kurzen

Moment wankte – so wie eine Flamme, die kurz im Wind zuckt. Dann hörte man Schritte im Flur. Seine Großmutter kam ins Wohnzimmer, eine Hand noch leicht erdig vom Garten, die Schürze umgebunden, der Blick warm – aber bestimmt. Sie blieb kurz stehen, sah Julian an, dann seine Eltern. „Moment", sagte sie ruhig. „Ich möchte mich mal einmischen." Julian richtete sich unwillkürlich ein bisschen auf. „Julian hat schon immer ein großes Herz und einen wachen Verstand gehabt", begann sie. „Er ist vorsichtig. Und ihr wisst auch, dass er in letzter Zeit viel allein war. Seit sein bester Freund weggezogen ist, vergräbt er sich oft in seinen Büchern. Technik, Modelle, Internet… das ist alles okay, aber es ersetzt keine Menschen." Sie setzte sich nicht hin, sondern blieb stehen – so wie sie immer stand, wenn ihr etwas wirklich wichtig war. „Hier hat er die Chance, dazuzugehören. Freundschaften zu schließen. Etwas Sinnvolles zu lernen. Und ja – Feuerwehr ist ernst. Aber gerade deshalb gibt es Ausbildung, Regeln und ein Team." Julians Mutter sah sie an, ein bisschen weicher, aber noch nicht überzeugt. „Oma… du weißt auch, wie oft man damals gewartet und gebangt hat." Die Großmutter nickte langsam. „Ja. Das weiß ich. Und genau deshalb verstehe ich eure Angst. Aber dein Vater", sagte sie und blickte kurz zu Julians Vater, „hat es mit Verantwortung gemacht. Mit einem Team, das aufeinander aufpasst. Und ihm ist nichts passiert." Sie wandte sich wieder Julian zu, und in ihrem Blick lag etwas, das Julian seit dem Unfall immer wieder gespürt hatte: Dieses *Du kannst mehr, als du glaubst*. „Vielleicht brennt dieses Feuer jetzt ein kleines bisschen in Julian weiter“, sagte sie leise. Seine Eltern sahen sich an. Es war kein sofortiges Ja. Aber es war auch kein Nein mehr. „Wenn wir das machen…“ begann sein Vater langsam, „dann nur mit klaren Regeln. Du sagst Bescheid, wenn du hingehst. Du kommst danach heim. Und die Schule leidet nicht darunter.“ „Natürlich“, sagte Julian sofort. „Versprochen.“ „Und wir wollen wissen, mit wem du dort zu tun hast“, ergänzte seine Mutter. „Wer verantwortlich ist.“ Julian nickte schnell. „Christoph ist Gruppenkommandant, und Andreas ist der Kommandant. Die waren beide total korrekt. Und Patrick, der Zeugmeister, hat gesagt, ich kann sogar schon morgen noch mal vorbeikommen, wenn ihr zustimmt – dann bekomme ich die Ausrüstung, damit ich nächste Woche richtig starten kann.“ Er griff nach dem Beitrittsformular, das er seit der Übung wie einen Schatz in der Tasche getragen hatte. Seine Finger zitterten ein wenig, als er es auf den Tisch legte – nicht vor Angst, sondern weil es plötzlich echt wurde. Seine Eltern lasen. Zeile für Zeile. Julian hielt den Atem an, als würde jedes Wort entscheiden, ob sich diese Tür wieder schließt. „Und das musst du nächste Woche ausgefüllt mitbringen?“ fragte sein Vater schließlich. „Ja“, sagte Julian. „Andreas hat auch gesagt, ich soll nächste Woche etwas früher kommen. Nur eine kurze Routine-Untersuchung beim Feuerwehrarzt. Reine Formsache – bevor’s richtig losgeht." Seine Mutter seufzte, aber diesmal war es kein genervtes Seufzen. Eher eins, das sagte: *Okay... wir lassen dich wachsen. Aber wir bleiben da.* „Gut", sagte sie schließlich. „Dann füllen wir das gemeinsam aus." Julian konnte sein Glück kaum fassen. Er grinste so breit, dass es fast wehtat. Milo sprang auf, als hätte er es gespürt, und stupste Julian mit der Nase an – als würde er gratulieren wollen. Als die Unterschriften unter dem Formular standen, hielt Julian das Blatt einen Moment lang fest, als könnte es sich sonst in Luft auflösen. „Danke", sagte er leise. „Echt." Er rannte zurück in sein Zimmer, setzte sich an den Schreibtisch – und sein Blick fiel sofort auf das alte Foto seines Großvaters, das an der Pinnwand hing. Die Uniform. Die Urkunde. Dieses stille, stolze Gesicht. Julian schluckte kurz, dann griff er nach seinem Handy und tippte an Dominic: *„Hey Dominic! Meine Eltern haben zugestimmt. Ich darf offiziell mitmachen!"* Die Antwort kam schnell. *„Mega! Glückwunsch, Julian! Morgen, wenn du kommst: Patrick macht dir die Kleidung klar. Und nächste Woche Donnerstag kommst du früher wegen Feuerwehrarzt – ist wirklich nur Formsache. Wir holen dich ab, okay?"* Julian starrte auf das Display, dann ließ er sich rücklings aufs Bett fallen. Milo sprang hinterher, rollte sich neben ihn zusammen und legte den Kopf auf Julians Bein – Schlappohren perfekt platziert, als wäre das seine neue Aufgabe: Wache halten, während Julians Kopf schon längst bei der Feuerwehr war. Julian grinste in die

Zimmerdecke. Es war offiziell. Und diesmal fühlte es sich nicht nach einem Traum an, der gleich wieder weg ist – sondern nach einem ersten Schritt, der wirklich zählt.

Kapitel 6

Ein Rundgang durchs Feuerwehrhaus

Nach einem langen und anstrengenden Schultag konnte Julian kaum stillsitzen. In seinem Bauch lief wieder dieser kleine Motor – ein Kribbeln, das einfach nicht weggehen wollte. In der Tasche steckte die bereits ausgefüllte Beitrittserklärung, mit den Unterschriften seiner Eltern darunter. Das Papier war nur Papier… und trotzdem fühlte es sich an, als hätte er damit schon leise „Ja“ gesagt. Als er sich auf den Weg machte, war die Luft noch warm vom Tag. Ein heller Sommerabend lag über der Stadt, und Julian merkte, wie er automatisch schneller ging. Heute würde er das Feuerwehrhaus richtig kennenlernen – den Ort, an dem bald seine Donnerstage beginnen würden. Und Patrick, der Zeugmeister, würde ihm erklären, wie das mit der Ausrüstung läuft. Am Hof angekommen, blieb Julian einen Moment stehen. Das Feuerwehrhaus wirkte massiv, fast wie aus einem Stück gebaut: Beton, klare Kanten, breite Stiegen, alles robust und funktional. Geradeaus vor ihm waren die großen Fahrzeughallentore – breit und hoch. Rechts davon zog sich der Bürotrakt entlang, und links, von den Toren aus gesehen, stand der kleinere Trakt mit der Zeugmeisterei und dem Schlauchturm. „Na, bereit?“ Dominic grinste, als er Julian entdeckte. Sebastian und Leon standen neben ihm – entspannt wie immer, aber mit diesem Funkeln in den Augen, als würden sie sich freuen, dass Julian wirklich gekommen war. „Heute zeigen wir dir alles, was du wissen musst“, sagte Dominic und klopfte ihm freundschaftlich gegen den Oberarm. Julian nickte. „Ich bin bereit… glaube ich.“ Dominic deutete quer über den Hof, als wäre er ein Tourguide. „Also: Geradeaus die Hallentore – da sind die Fahrzeuge. Rechts davon der Bürotrakt. „Unten sind Jugendraum, Besprechungsraum und die Toiletten“, sagte Dominic und deutete in den Bürotrakt. „Und ja – die Duschen sind auch hier unten. Außerdem ist hier die Atemschutzwerkstatt, wo alles rund um die Atemschutzgeräte geprüft und gepflegt wird. Und daneben ist das Chargenbüro.“ Julian runzelte kurz die Stirn. Dominic grinste. „Chargen sind bei uns die Funktionsträger – also die, die organisatorisch und fachlich Verantwortung haben. Zum Beispiel Zugskommandanten, Gruppenkommandanten, der Fahrmeister oder der Atemschutzwart. Der Zeugmeister zählt auch dazu“, er nickte Richtung linkem Trakt, „aber der hat sein eigenes Büro direkt in der Zeugmeisterei – weil er dort sowieso ständig bei Geräten und Ausrüstung ist.“ Und oben drüber ist quasi das *Kopf*-Stockwerk: Dort sind die Büros des Kommandos, vom Feuerwehrarzt und von der Verwaltung – und auch die Kantine.“ Er grinste kurz, als hätte er Julians Blick schon kommen sehen. „Und von der Kantine geht’s über eine kleine Betonstiege rauf auf die Dachterrasse. Der Ausblick ist genial: du siehst den Hof und ein gutes Stück von der Stadt. Und ja… auch dort wirst du noch öfter stehen, als du jetzt glaubst." „Und noch weiter rechts kommt die Werkstatt – und gleich daneben die Waschbox", ergänzte Dominic und deutete den Gang entlang. „Und oben drüber liegt der Lehrsaal. Glaub mir: Dort wirst du noch viel Zeit verbringen. Am Anfang ist's viel Theorie – Gerätekunde, Sicherheit, Funk, Taktik-Grundlagen… aber genau das sorgt später dafür, dass im Einsatz jeder Handgriff sitzt." „Und links", warf Leon ein, „Zeugmeisterei und Schlauchturm. Und vergiss den Keller nicht: Unter der Fahrzeughalle und den beiden Trakten liegt nochmal eine eigene Welt – Schlauchwerkstatt, Schlauchwaschanlage, der Zugang zum automatischen Schlauchturm und die unterschiedlichsten Lagerräume. Runter kommst du entweder ganz normal über die Stiegen oder den Lift im Bürotrakt – oder hinten bei der Zeugmeisterei. Von dort kannst du sogar unten durchgehen, sozusagen unter der Fahrzeughalle durch, ohne wieder nach oben zu müssen. Julian schluckte. Allein die Menge an „unsichtbaren" Bereichen war beeindruckend. „Da läuft ja richtig viel im Hintergrund." „Genau", sagte Sebastian. „Feuerwehr ist nicht nur Blaulicht." Sie gingen durch eine Seitentür in die Fahrzeughalle. Drinnen war es sofort kühler. Der Beton nahm Geräusche anders auf – nicht knarzend oder knisternd, sondern klar und hart. Stimmen hallten leicht, Schritte klangen dumpf auf dem Boden. Es roch nach Gummi, Metall und einem Hauch Reinigungsmittel – nach Arbeit, die immer wieder von vorne beginnt. Die Fahrzeuge standen sauber in Reihe, als würden sie jederzeit losfahren können. Julian blieb kurz stehen. Es war wieder dieses Gefühl: spannend – und gleichzeitig ernst. „Zuerst die Fahrzeuge“, sagte Dominic, als hätte er genau gemerkt, dass Julian gerade wieder nur staunte. Dominic erklärte ihm die Grundlagen, nicht wie ein Lehrer, eher wie ein Freund, der sein Lieblingshobby teilt: welches Fahrzeug wofür da ist, warum alles fix verstaut ist, weshalb man im Einsatz keine Zeit zum Suchen hat. Julian sah die Halterungen, die Klappen, die Ordnungssysteme – und sein Technik-Hirn sprang sofort an. „Das ist ja wie ein riesiger Werkzeugkasten auf Rädern“, murmelte Julian. „Genau“, sagte Leon. „Nur dass du im Einsatz nicht nachdenken willst. Du willst handeln.“ Danach ging es zu den Spinden. Sebastian führte ihn hinüber zu den Spind Reihen an der Wand, mit den Helmen oben drauf und den Sitzbänken davor. „Hier passiert der schnelle Teil“, erklärte Sebastian. „Umziehen, Ausrüstung checken, bereit machen. Alles hat seinen Platz. Wenn du irgendwann mal spät dran bist oder dein Kopf voll ist: Du greifst einfach.“ Julian nickte, und sein Blick blieb kurz an einem Helm hängen. Plötzlich fühlte es sich sehr real an. „Und keine Sorge“, sagte Dominic grinsend und hob kurz beschwichtigend die Hände, „die Einsatzbekleidung bekommt man hier nicht einfach so, nur weil man einmal neugierig reinschaut.“ Er nickte in Richtung Bürotrakt, als würde er damit das ganze System meinen. „Wenn du sie heute bekommst, dann heißt das auch: Ab jetzt erwarten wir, dass du's ernst meinst. Verlässlich sein, zuhören, Regeln einhalten – und nicht nur wegen der coolen Ausrüstung hier sein." Er blinzelte zu Julians Tasche. „Wobei… bei dir schaut's eh schon verdächtig ernst aus." Julian wurde warm im Gesicht. „Meine Eltern haben gestern unterschrieben", gab er leise zu. Sebastian pfiff anerkennend durch die Zähne. „Na bitte. Dann bist du eh fast schon einer von uns." „Fast", ergänzte Leon ruhig. „Erst Arzt-Check, dann offiziell." Sie gingen kurz aus der Halle Richtung Bürotrakt. Im Erdgeschoss zeigte Dominic auf die Türen entlang des Ganges. „Da links ist der Jugendraum, da drüben der Besprechungsraum", erklärte Dominic und deutete die Türen entlang des Gangs ab. „Toiletten und Duschen sind auch hier unten – und gleich daneben ist die Atemschutzwerkstatt. Da werden die Atemschutzgeräte geprüft, gereinigt und wieder einsatzklar gemacht." Er ging ein paar Schritte weiter, tippte an eine weitere Tür und grinste. „Und das hier ist das Chargenbüro – also quasi der Raum für die Funktionsträger, wo vieles organisatorisch zusammenläuft, wenn's um Einteilungen, Ablauf und Planung geht. Dann führte Leon sie nach oben. Die breite Betonstiege war kühl, glatt und solide – kein Knarren, kein Quietschen, nicht mal dieses „alte-Haus-Geräusch", das Julian von daheim kannte. Hier klang jeder Schritt gleich: sicher, schwer, ehrlich. Im ersten Stock war es ruhiger, weniger Hall, mehr

„Organisation". Dominic deutete auf Türen entlang des Gangs. „Hier sind die Büros vom Kommandanten, vom Feuerwehrarzt und von der Verwaltung. Und da vorne ist die Kantine." Die Kantinc wirkte wie ein Treffpunkt, nicht wie ein Amt: Tische, Stühle, Aushänge, ein Automat – ein Raum, in dem man nach Übungen zusammensetzt, redet, lacht, kurz runterkommt. „Und von hier aus…" Leon zeigte auf eine kleine Stiege nach oben, „…geht's auf die Dachterrasse." Oben wehte ihnen frische Luft entgegen. Der Blick ging über den Hof und weiter über Teile der Stadt: Dächer, Straßen, ein Stück Grün, irgendwo ein Kirchturm. Der Abend war hell, und für einen Moment wurde es ganz still, als würde die Stadt unter ihnen kurz den Atem anhalten. Julian setzte sich auf eine der niedrigen Betonmauern gegenüber von den drei. Nicht direkt „absichtlich" – eher so, wie man sich eben hinsetzt, wenn man einen Platz sucht. Und während Dominic, Sebastian und Leon am Geländer standen und hinausblickten, erwischte Julian sich dabei, wie er sie zum ersten Mal richtig musterte. Dominic stand leicht schräg, als könnte er nie ganz still sein. Dunkelbraunes Haar, das ihm ein bisschen in die Stirn fiel, und dieser schnelle, fast freche Grinser, der immer auftauchte, bevor er einen Spruch machte. Er wirkte drahtig und kleiner als die anderen, aber irgendwie auch… wach. Als hätte er ständig einen halben Schritt Vorsprung im Kopf. Sebastian daneben war ganz anders: kompakter, breiter gebaut, kurzes dunkelblondes Haar, braune Augen, die ständig irgendwohin sprangen. Er wippte unbewusst mit dem Fuß, als hätte er eine Feder eingebaut. Frech sah er aus – aber nicht dumm-frech. Eher so, als würde er genau wissen, wann Spaß okay ist und wann nicht. Und Leon… Leon stand einfach da, ruhig, stabil. Kurzes schwarzes Haar, grau-blaue Augen, der Blick geradeaus, ohne dass er irgendwem etwas beweisen musste. Er bewegte sich kaum, aber wenn er etwas tat, dann wirkte es automatisch richtig. Wie ein Fels, dachte Julian, und musste innerlich über sich selbst schmunzeln. Dominic war eher wie ein Funke, Sebastian wie eine Sprungfeder – und Leon wie ein Fels. Drei völlig verschiedene Arten… und trotzdem passten sie zusammen, als wäre es genau so gedacht. „Von hier oben schaut alles so… normal aus", sagte Julian schließlich, mehr zu sich selbst als zu den anderen. Dominic drehte den Kopf zu ihm und zuckte mit den Schultern. „Ist es eh. Bis es das nicht mehr ist." Sebastian grinste. „Poetisch, Dominic." Leon schnaubte leise, fast ein Lachen. „Er meint's ernst." Sie blieben nur kurz oben, dann ging es wieder hinunter – und Dominic führte Julian in den linken Trakt Richtung Zeugmeisterei und Schlauchturm. „Das ist Patricks Reich", meinte Dominic und deutete auf die schlichte, massive Tür im linken Trakt. „Einsatzbekleidung, Geräte, alles, was komplett sein muss." Julian trat einen halben Schritt näher – mehr aus Neugier als aus Absicht – und merkte sofort: Selbst von draußen roch es hier anders. Nicht nach Küche oder Büro, sondern nach Schlauchmaterial,

Werkstattluft und diesem trockenen, sauberen „Alles-hat-seinen-Platz“-Geruch. Er streckte die Hand schon fast aus, hielt dann aber inne. Dominic grinste, als hätte er’s genau erwartet. „Vergiss es. Zeugmeisterei ist versperrt. Da kommst du nicht einfach so rein.“ Sebastian hob die Augenbrauen. „Sonst würd hier nach zwei Tagen ausschauen wie im Kinderzimmer.“ Leon nickte nur ruhig. „Patrick hat den Schlüssel. Und der gibt ihn nicht her, nur weil wer neugierig schaut.“ Julian musste leise lachen und zog die Hand wieder zurück. „Okay… verstanden.“ „Aber keine Sorge“, sagte Dominic, klopfte kurz an die Tür wie zur Demonstration und ließ es dann sein. „Heute gehen wir eh mit Patrick rein. Dann siehst du’s richtig – und nicht nur durch die ‘Hier-darfst-du-nicht’-Vibes.“ Leon zeigte nach hinten, dorthin, wo man neben der Zeugmeisterei einen eigenen Abgang hatte. „Komm“, sagte er. „Wenn du wissen willst, wie viel ‘Feuerwehr’ passiert, ohne dass es irgendwer sieht – dann geht’s jetzt nach unten.“ Julian folgte ihnen die Stufen hinab. Kaum waren sie unten, änderte sich die Luft. Es war kühler, ein bisschen feucht – und es roch sofort nach nassen, trocknenden Schläuchen. Nicht unangenehm, eher… echt. So, als würde hier Arbeit nicht nur geplant, sondern auch weggeschafft. Julian blieb kurz stehen, weil sein Blick automatisch nach oben wanderte. Im Schlauchturm hingen tatsächlich Schläuche von oben herunter, lang und schwer, wie dunkle Bänder, die langsam trockneten.

„Genau“, meinte Leon leise, als hätte er Julians Gedanken gelesen. „Schlauchwaschanlage, Schlauchwerkstatt… und der Zugang zum automatischen Schlauchturm. Das ist die Seite, die draußen keiner sieht.“ Sie gingen weiter – und Julian merkte erst jetzt, dass man hier unten tatsächlich „unter der Fahrzeughalle durch“ kam. Der Gang zog sich wie ein Tunnel, gerade genug beleuchtet, dass man alles erkennen konnte, aber nicht so hell, dass es gemütlich wirkte. Eher zweckmäßig. Beton. Türen. Schlösser. Viele Türen waren versperrt, aber Julian konnte im Vorbeigehen ein paar Beschriftungen lesen. *Schlauchlager. Sandsäcke. Festlager. Ersatzteile.* „Wahnsinn“, murmelte er. „Also wird hier eigentlich ständig vorbereitet.“ Sebastian nickte. „Genau das. Einsatzbereitschaft ist nicht nur Alarm. Das ist Alltag. Was oben schnell ausschaut, wird hier unten vorbereitet.“ Sie kamen ans andere Ende, dort, wo der Keller unter den Bürotrakt überging. Plötzlich standen sie vor einer großen Treppe – und daneben einem Lift, der deutlich größer war, als Julian erwartet hätte. Er kannte den Lift bisher nur vom Erdgeschoss, aber hier unten wirkte er wie ein eigenes System. Julian starrte einen Moment zu lange hin. Dominic sah es ihm an und zuckte knapp mit den Schultern. „Ja, der ist groß“, sagte er, als wäre das die normalste Sache der Welt. „Wie willst du sonst Paletten runterbringen? Sandsäcke, Material, Zeug für Katastrophen…“ Er klopfte mit den Fingerknöcheln an die Lifttür und schob gleich nach, als Julian schon einen Schritt hin machen wollte: „Aber der ist nicht zum Mitfahren. Reiner Transportlift. Also: immer die Treppe.“ Julian zog den Fuß wieder zurück und nickte. „Alles klar.“ Leon setzte sich schon in Bewegung. „Komm. Wir gehen rauf in den ersten Stock.“ Und so stiegen sie die Betonstufen hinauf – Stufe für Stufe – zurück in den Bereich, den Julian schon kannte. Nur dass er jetzt wusste: Unter ihren Füßen lag eine ganze zweite Feuerwehr-Welt, die still arbeitet, damit oben im Ernstfall alles funktioniert Später klopfte Dominic an eine Tür im ersten Stock. „Wir schauen kurz beim Kommandanten vorbei.“ Drinnen saß Andreas über Unterlagen, ein Klemmbrett neben sich, Stift in der Hand. Kurzes braunes Haar, dunkelbraune Augen, der Blick klar und direkt. Er wirkte nicht laut – eher so, als wäre Ruhe bei ihm einfach Standard. Als er Julian erkannte, wurde seine Miene sofort freundlicher. „Ah, Julian. Schön, dich wieder zu sehen“, sagte er. Seine Stimme war ruhig, knapp – aber nicht kalt. „Erzähl mir kurz: Schule… was machst du?“ fragte Andreas. „HTL“, antwortete Julian, „Maschinenbau und Automatisierungstechnik.“ Andreas hob anerkennend die Augenbrauen. „Sehr gut. Technikverständnis hilft bei uns. Wer versteht, was ein Gerät macht, bedient es sicherer.“ Julian nickte – und merkte, wie gut ihm diese Worte taten. „Und dass du beim Unfall den Notruf abgesetzt hast, war genau richtig“, sagte Andreas dann ernst. „Christoph hat berichtet, wie ruhig du geblieben bist.“ Er wandte sich kurz an Dominic, Sebastian und Leon. „Und euch danke ich auch. Dass ihr ihn mitnehmt und nicht einfach stehen lasst – so wächst eine Mannschaft.“ Dann sah er wieder Julian an. „Du hast die Beitrittserklärung schon ausgefüllt und unterschrieben dabei?“ Julian klopfte kurz auf seine Tasche. „Ja. Meine Eltern haben gestern unterschrieben.“ „Sehr gut“, sagte Andreas und als Julian das bereits unterschriebene Formular aus der Tasche zog, hob er kurz die Hand. „Wenn du’s schon ausgefüllt hast, gib’s mir gleich. Dann kannst du sie nicht mehr vergessen.“ Julian reichte ihm die Beitrittserklärung, und Andreas überflog kurz die Unterschriften. Zufrieden nickte er. „Passt. Ich hinterlege das sofort beim Verwalter, dann kann er für nächste Woche alles vorbereiten.“ Er lehnte sich minimal nach vorne. „Und vergiss nicht: Komm nächste Woche ein bisschen früher. Du hast davor eine kurze Routineuntersuchung beim Feuerwehrarzt. Reine Formsache – ein kurzes Gespräch und ein paar Checks, bevor’s richtig losgeht.“ „Okay“, sagte Julian sofort. „Mach ich.“ „So gehört sich das“, meinte Andreas – und damit war das Gespräch beendet. Freundlich, klar, ohne großes Theater. In der Kantine holten sie sich noch etwas zu trinken und setzten sich an einen Tisch. Julian nahm eine Cola, weil er heute irgendwie das Gefühl hatte, er braucht etwas Kaltes, um den Kopf zu sortieren. Die Stimmung wurde sofort lockerer. Dominic erzählte eine kurze Geschichte von einer Übung,

Sebastian legte natürlich einen Spruch drauf, Leon grinste nur – und Julian merkte: Die drei waren wirklich ein Team. „Und jetzt warten wir auf Patrick“, sagte Dominic schließlich. „Zeugmeister. Der schaut, dass du weißt, wie das mit der Ausrüstung läuft.“ „Der nimmt das sehr genau“, murmelte Leon. „Sehr genau ist untertrieben“, grinste Sebastian. Noch während sie lachten, ging die Tür auf. Ein kräftiger Mann trat ein, sandbraunes Haar, graue Augen, der Blick so aufmerksam, als würde er automatisch überall sehen, ob irgendwas nicht am Platz ist. Seine Hände wirkten wie „Werkzeughände“ – praktisch, zuverlässig. An seinem Schlüsselbund klirrte leise Metall. Julian erkannte Patrick sofort. Er kannte ihn ja schon flüchtig vom Vortag. „Ah, da bist du ja“, sagte Patrick und nickte ihm zu. „Bereit?“ Julian setzte sich gerader hin. „Ja… schon.“ Patrick grinste kurz, als hätte er die Nervosität schon tausendmal gesehen. „Keine Panik. Wir machen das Schritt für Schritt. Und die drei da“, er deutete auf Dominic, Sebastian und Leon, „passen eh auf, dass du keinen Blödsinn lernst.“ „Wir versuchen’s“, sagte Dominic unschuldig. Patrick lachte einmal kurz, dann wurde er wieder sachlich. „Also. Unterschriften hast du schon – gut“ sagte Patrick ruhig. „Ganz offiziell freigegeben bist du aber erst, wenn der kurze Check beim Feuerwehrarzt nächste Woche erledigt ist. Reine Formsache, aber bei uns Pflicht.“ Er klopfte mit dem Finger auf den Tisch. „Trotzdem: Größen nehmen wir heute schon, und ich such dir gleich alles zusammen.

Du kannst es auch anprobieren, damit's wirklich sitzt. Und dann weise ich dir einen eigenen Spind zu." Dann wurde seine Stimme ein bisschen ernster – nicht streng, eher klar. „Aber: Anziehen und mitmachen darfst du erst, wenn du offiziell dabei bist. Bis dahin bleibt die Ausrüstung hier im Haus – ordentlich im Spind. Verstanden?" Patrick hob kurz die Augenbrauen, als würde er's extra festnageln. „Und noch was: Die Einsatzbekleidung verlässt das Feuerwehrhaus nur für Übungen und Einsätze. Nicht für privat, nicht zum Herzeigen, nicht fürs Feuerwehrfest-Feeling. Das ist Arbeitszeug – und so behandeln wir's auch." Julian nickte sofort, und in seinem Bauch zog dieses Kribbeln wieder an. Es war nicht mehr nur Neugier. Es war dieses Gefühl, dass es jetzt wirklich beginnt.

Kapitel 7

Die Einsatzbekleidung

Patrick nickte zufrieden. „Sehr gut. Dann schauen wir jetzt in die Zeugmeisterei.“ Julian stellte die Cola ab. Schon beim Aufstehen spürte er wieder dieses Kribbeln im Bauch, das ihn seit dem Unfall nicht mehr ganz losgelassen hatte – eine Mischung aus Neugier, Respekt und dem Gefühl, dass hier gerade etwas Größeres anfing, als er gestern noch gedacht hätte. Sie verließen die Kantine im ersten Stock des Bürotrakts. Unter ihren Schuhen klang es dumpf auf der Betonstiege – nichts knarrte, nichts wackelte. Alles hier wirkte so, als wäre es dafür gebaut, dass man im Ernstfall schnell und sicher unterwegs sein konnte. Unten ging's durch den Gang vorbei am Jugendraum und den anderen Räumen, dann zurück in die große Fahrzeughalle. Kaum öffnete sich die Tür, schlug Julian wieder dieser vertraute Geruch entgegen: eine Mischung aus Metall, Gummi, sauberem Beton – und diesem schwer zu beschreibenden „Feuerwehr-Geruch“, der irgendwie nach Ordnung und Einsatzbereitschaft roch. Das Licht der Halle lag kühl auf den Fahrzeugen, und für einen Moment blieb Julian stehen, nur um alles kurz aufzusaugen. „Die Zeugmeisterei ist drüben im linken Trakt“, erklärte Patrick und ging voran, der Schlüsselbund klirrte leise bei jedem Schritt. „Neben dem Schlauchturm. Und ja – ist natürlich versperrt.

Damit alles in Ordnung bleibt und keiner aus Versehen Chaos verursacht.“ Sie querten die Halle. Julian merkte, dass er sich inzwischen schon fast orientieren konnte: Das HLF stand wie ein stiller Riese da, daneben weitere Fahrzeuge, deren Konturen ihm langsam vertraut wurden. Entlang der Wand reihten sich die Spinde, und automatisch dachte er wieder daran, wie selbstverständlich sich hier alle umgezogen hatten – als wäre es das Normalste der Welt. Am Ende blieb Patrick vor einer schlichten, massiv wirkenden Tür stehen. Er sperrte auf, drückte sie auf – und Julian blieb unwillkürlich kurz stehen. Der Raum war größer, als er erwartet hatte. Kästen und Regale, sauber beschriftet, alles sortiert wie in einem eigenen kleinen Kosmos: Stiefel in Reih und Glied, Helme, Handschuhe, Jacken, Latzhosen, Ersatzteile, kleine Werkzeuge – und unzählige Dinge, bei denen Julian noch nicht einmal wusste, wofür sie genau waren. Kein Durcheinander. Ein System. Patrick drehte sich zu ihm um. Sandbraunes Haar, graue Augen, diese ruhige Art, bei der man sofort merkte: Der übersieht kein Detail. „Sag mal, Julian“, fragte er, „weißt du eigentlich, was zur Einsatzbekleidung alles dazugehört?“ Julian überlegte ernsthaft – und brachte dann vorsichtig heraus: „Ähm … ein Helm?“ Sebastian prustete los, Dominic schüttelte grinsend den Kopf, und Leon zog nur kurz eine Augenbraue hoch. „Julian“, meinte Dominic und grinste dabei so, dass man ihm nicht böse sein konnte, „die Einsatzbekleidung ist ein bissl mehr als ein Helm.“ Julian wurde rot im Gesicht. „Doch. Das weiß ich natürlich“, murmelte er schnell, als müsste er sich selbst retten – was die anderen nur noch mehr amüsierte. Dominic nahm’s ihm nicht übel. Er stellte sich einfach so hin, als wäre das hier die normalste Erklärung der Welt, und fing an – ruhig, klar, von unten nach oben. „Also. Ganz unten: Stiefel. Die sind nicht zum Cool ausschauen. Die haben eine Stahl- oder Kunststoffkappe, eine rutschfeste, durchtrittssichere Sohle und einen hohen Schaft. Weil wenn dir im Einsatz was auf den Fuß fällt oder irgendwo was Spitzes am Boden ist, willst du das nicht spüren.“ Er tippte mit dem Finger gegen eine Latzhose im Regal. „Dann kommt die Hose. Es gibt verschiedene Varianten – Overall, Latzhose, Branddiensthose, extra Sachen für technische Einsätze. Bei uns ist’s so, dass wir eine brandbeständige Latzhose für alles verwenden, damit wir flexibel sind.“ „Und dazu die Jacke“, ergänzte er und zog eine passende Jacke ein Stück hervor. „Ebenfalls brandbeständig – auch für Innenangriff geeignet. Und darunter tragen wir ein spezielles Einsatz-T-Shirt. Das ist nicht nur bequemer, sondern hat einen ganz einfachen Grund: Nach einem Brandeinsatz willst du kontaminierte Kleidung nicht heimtragen. Kontaminiert heißt: Rauch, Ruß, vielleicht Chemie – das bleibt im Feuerwehrhaus.“ Julian hörte so konzentriert zu, als wäre das Unterricht – nur hundertmal spannender. „Handschuhe gibt’s auch nicht nur einen“, fuhr

Dominic fort. „Für Branddienst andere als für technische Einsätze. Und dann die Brandschutzhaube – die schützt Hals und Kopf. Gegen Hitze, Funken … und ja, im Winter hält sie auch warm.“ Zum Schluss deutete er auf die Helme. „Und der Helm. Der schützt nicht nur, wenn dir oben was entgegenkommt. Der hat ein Visier für die Augen, Lampen für dunkle Einsätze – nicht nur damit du was siehst, sondern damit dich andere auch sehen, zum Beispiel Autofahrer bei Nacht – und ein Hitzeschutzvisier, wenn's wirklich heiß wird.“ Julian stellte sich das alles an seinem eigenen Körper vor und merkte, wie sein Respekt mit jedem Satz wuchs. Das war nicht einfach „Gewand“. Das war ein durchdachtes Schutzsystem. Routine, die Leben retten konnte. Patrick, der die ganze Zeit zugehört hatte, klopfte Dominic anerkennend auf die Schulter. „Sehr gut erklärt.“ Dann grinste er Julian an. „Und Julian: Du hast Glück, solche Kameraden zu haben. Ehrlich – mit dem Wissen könnt' der da fast als Zeugmeister-Gehilfe durchgehen.“ Dominic grinste nur, als hätte er das Kompliment eingesammelt wie einen Punkt in einem Spiel. Patrick wandte sich wieder Julian zu, und in seinem Ton lag jetzt dieser „Jetzt wird's ernst, aber keine Panik“-Klang. „So. Jetzt schauen wir, dass du alles passend bekommst. Wir legen es Stück für Stück an – zum Anpassen. Und ganz wichtig: Einsatzbekleidung verlässt das Haus nur für Übungen und Einsätze. Nicht fürs Privatvergnügen, nicht zum Herzeigen, nicht zum ‚Ich geh schnell zur

Tankstelle'. Das bleibt hier und hat hier einen Grund." Julian nickte sofort. Das klang so logisch, dass es ihm fast peinlich war, dass man es überhaupt sagen musste. Patrick reichte ihm zuerst das Einsatz-T-Shirt, dann half er ihm in die Latzhose. Die saß auf Anhieb enger und „fester" als Julians normale Kleidung – so, als würde sie ihm automatisch eine andere Haltung geben. Danach kam die Jacke. Patrick zog hier kurz, strich dort eine Falte glatt, prüfte, ob alles gut sitzt und ob Julian sich damit sauber bewegen konnte. Dann zeigte Patrick ihm den Gürtel. „Da kannst du Handschuhe oder Kleinkram befestigen, wenn du sie grad nicht brauchst." Julian befestigte die Trageschlaufe für die Handschuhe – und merkte sofort, wie sehr hier alles auf „griffbereit" gebaut war. Als Nächstes kam die Brandschutzhaube. Patrick erklärte ruhig: „Schützt vor Hitze und Funken – und ja, im Winter bist froh drüber." Dann tippte er mit zwei Fingern an den Rand der Haube und zeigte Julian, wie sie über Hals und Nacken liegt. „Aber eigentlich ist die für den Innenangriff mit Atemschutz gedacht. Da darf nirgends eine Lücke bleiben." Er deutete erst auf Julians Kragen, dann auf den Helm. „Die Haube deckt genau die Stellen ab, wo sonst schnell Haut frei wäre – zwischen Jacke, Helm und später der Maske. Damit im Brandraum wirklich jeder Zentimeter geschützt ist, der geschützt sein muss. Du willst nicht, dass dir dort Hitze oder Rauchgase irgendwo reinfahren, nur weil ein Stück Hals offen war." Dann setzte Julian den Helm auf.

Patrick stellte ihn sorgfältig ein, bis er wirklich richtig saß. „Der Helm muss passen“, sagte er bestimmt. „Nur dann schützt er optimal – und die Visiere schließen so, wie sie sollen.“ Die Stiefel reichte Patrick ihm, und Leon – ruhig wie immer, kräftige Hände, kurze schwarze Haare, dieser saubere Blick für Details – kniete sich hin, als wäre das eine kleine Zeremonie. „Ein perfekt geschnürter Stiefel schützt besser“, erklärte er geduldig und zog die Schnürsenkel so fest, dass es stabil war, aber nicht drückte. Dann hielt er kurz inne, prüfte mit dem Daumen den Sitz am Spann und nickte zufrieden. „Und das ist das Gute an den Dingern“, sagte Leon und klopfte einmal gegen den Schaft. „Du stellst sie einmal richtig ein – so, dass sie wirklich zu deinem Fuß passen. Nicht zu locker, nicht zu eng.“ Er zeigte Julian die Schnürung und den Verschluss. „Und wenn’s dann schnell gehen muss, brauchst du nicht jedes Mal neu herumfummeln. Dann machst du den Schnellverschluss zu, zack – und sie sitzen wieder genauso. Immer gleich, immer stabil.“ Er zog den Verschluss einmal probehalber an, bis der Stiefel fest saß. „So verlierst du keine Zeit – und du rennst trotzdem nicht mit halboffenen Stiefeln herum. Perfekt ist: schnell rein, zu, und du kannst dich drauf verlassen.“ Leon deutete nach oben, Richtung Hose. „Und gleich danach ziehst du die Latzhose drüber“, sagte er, als wäre das selbstverständlich. „Damit nichts in den Schaft fallen kann. Du willst wirklich nicht, dass dir irgendwo ein heißes Teil, ein Funken oder im schlimmsten Fall ein kleines Stück Glut reinrutscht – und du bekommst es dann nicht mehr raus.“ Er sah Julian kurz ernst an, nicht dramatisch, einfach klar. „Genau das ist der Schlüssel beim Rundumschutz: Keine Lücken. Alles überlappt sich. Stiefel, Hose, Jacke – wie ein geschlossenes System.“ Zum Schluss kamen die Handschuhe. Als Julian sich im Spiegel sah, huschte ihm ein breites Lächeln übers Gesicht. Für einen Moment fühlte es sich nicht nur nach „ausgerüstet“ an – sondern nach „angekommen“. Sebastian, der sich zwischendurch nicht verkneifen hatte können, neugierig ein paar Kästen zu öffnen, sobald Patrick kurz wegsah, musterte Julian von oben bis unten. Dann grinste er frech. „Hey. Jetzt siehst du fast so gut aus wie wir.“ Alle lachten. Patrick hob gespielt streng die Augenbrauen. „Na super, du Scherzkeks.“ Er nickte Richtung Regale. „Hast du wenigstens wieder alles dort eingeräumt, wo's war?“ Sebastian setzte die unschuldigste Miene auf, die ein Mensch besitzen konnte. „Natürlich … fast.“ Das Gelächter wurde noch einmal lauter – und in diesem Moment fühlte sich Julian zum ersten Mal richtig dazugehörig, auch wenn er innerlich noch immer ein bisschen nervös war. „Gut“, sagte Patrick schließlich und wurde wieder sachlicher. „Das war's fürs Anpassen. Jetzt kommt alles dorthin, wo es hingehört.“ Er deutete in Richtung Spinde. „Du bekommst Spind Nummer 94. Genau neben Leon. Dominic und Leon zeigen dir, wie du alles reinlegst, dass es griffbereit ist – und dass du im Stress nicht zum Suchen anfängst." Die drei halfen Julian, die Sachen ordentlich einzuräumen. Damit sie nicht alles einzeln schleppen mussten, kramten sie einen alten Einkaufswagen hervor, der irgendwo hinten in der Zeugmeisterei versteckt gewesen war. Helm, Handschuhe, Jacke, Hose – alles wanderte in einem geordneten Ablauf an seinen Platz. Julian staunte, wie logisch das System war: nichts „irgendwo", nichts „wird schon passen". Alles hatte seinen fixen Platz, so wie es im Einsatz sein musste. „Danke, Jungs", sagte Julian leise, als sie fertig waren. „So fühlt's sich … richtig nach Feuerwehr an." Mit dem leeren Einkaufswagen gingen sie zurück in die Zeugmeisterei zu Patrick. Kaum waren sie wieder im Raum, hob Patrick den Zeigefinger. „Ah – bevor ihr geht. Fast hätt' ich's vergessen." Sein Blick wurde ernst, aber blieb freundlich. „Sauberkeit und Achtsamkeit sind bei der Einsatzbekleidung extrem wichtig. Nur eine saubere, funktionstüchtige Ausrüstung schützt dich auch wirklich." Julian nickte sofort. „Stell dir vor, deine Latzhose ist mit Öl durchtränkt", erklärte Patrick. „Dann kann's sein, dass sie bei einem Innenangriff nicht mehr so brandbeständig ist, wie sie sein soll. Im Brandraum willst du dich drauf verlassen – und nicht hoffen." Dominic und Leon wurden automatisch still. Das war kein „Theorie-Hinweis". Das war ein Grundsatz. „Und noch was", fuhr Patrick fort. „Die Ausrüstung ist teuer. Da steckt Qualität und Sicherheit drin. Also: drauf aufpassen. Nichts verlieren. Alles in perfektem

Zustand halten.“ Dann lächelte er wieder ein Stück. „Die Jungs zeigen dir in den nächsten Tagen, wie du Helm, Stiefel und Kleidung richtig sauber hältst. Das gehört genauso dazu wie Gerätekunde.“ Julian spürte, wie sein Respekt für das Ganze noch einmal wuchs. Es ging nicht darum, Zeug zu bekommen. Es ging darum, Verantwortung zu übernehmen – sogar für Dinge, die man „nur“ trägt. Er bedankte sich, und gemeinsam machten sie sich wieder auf den Weg zurück durch die Fahrzeughalle Richtung Kantine. Julian fühlte sich ungewohnt stolz – als hätte er heute nicht nur Ausrüstung angepasst und einen Spind bekommen, sondern ein kleines Stück Zugehörigkeit. „Komm“, sagte Dominic, „holen wir uns noch schnell was zu trinken.“ Und obwohl Julian am liebsten sofort bei jedem Einsatz dabei gewesen wäre, ahnte er noch nicht, dass die nächste Lektion an diesem Abend schon auf ihn wartete.

Kapitel 8

Erste Schritte bei der Feuerwehr

Auf dem Weg durch die Fahrzeughalle ging Julian in Gedanken noch einmal alles durch, was er heute bekommen hatte – oder besser: was ab jetzt für ihn bereitlag. Das Einsatz-T-Shirt. Die Latzhose. Die Jacke. Der Gürtel mit der Trageschlaufe. Die Brandschutzhaube. Der Helm. Die Stiefel – von Leon so eingestellt, dass der Schnellverschluss später nur noch *zack* machen musste. Und zum Schluss die Handschuhe. Es fühlte sich immer noch ein bisschen unwirklich an. Als hätte jemand aus einem „Vielleicht irgendwann" plötzlich ein „Okay, wir meinen das ernst" gemacht. Und trotzdem wusste Julian: Das hier war nicht irgendein Outfit fürs Privatvergnügen. Das blieb bei der Feuerwehr – für Übungen und Einsätze. Genau so sollte es sein. Oben in der Kantine holten sie sich eine Cola vom Automaten. Julian fand das praktisch: egal ob nach einer Übung oder mitten in der Nacht nach einem Einsatz – wenn man Durst hatte, musste man nicht erst überlegen, wer noch wach war. Mit den Flaschen in der Hand setzten sie sich an einen der Tische, lehnten sich zurück und ließen den Abend langsam runterlaufen. Julian konnte sein Strahlen kaum bremsen. Er wippte sogar ein bisschen mit dem Fuß, als hätte er noch Rest-Adrenalin in den Knochen. „Wow", sagte er, mehr zu sich selbst als zu den anderen, „jetzt kann ich ja ab nächster Woche endlich mit euch zu den nächsten Einsätzen fahren!“ Dominic und Leon tauschten einen kurzen Blick. Dominic schmunzelte, als würde er sich denken: *Da ist er wieder, der Enthusiasmus.* Leon blieb ruhig, wie immer, aber seine Stimme war vorsichtig ehrlich. „Ähm … so einfach ist das leider nicht, Julian. Bevor du bei Einsätzen mitfahren darfst, musst du erst ein paar Grundlagen unter Beweis stellen.“ Julian zog die Stirn kraus. Enttäuschung blitzte kurz auf, so schnell, dass er sie selbst nicht recht verstecken konnte. „Grundlagen? Was genau?“ Dominic schnappte sich einen Stift, zog einen Bierdeckel oder Zettel näher heran und begann, kleine Skizzen zu kritzeln – nicht schön, aber klar. „Zum Beispiel musst du wissen, auf welcher Seite du bei einem Fahrzeug sicher aussteigst. Und wann du überhaupt aussteigen darfst“, erklärte er und tippte mit dem Stift auf seine Zeichnung. „Du musst die Fahrzeuge kennen: welches fährt wofür, wo steigst du ein, in welches darfst du rein – und in welches nicht. Und dann kommt die Gerätekunde. Ohne das nimmt dich keiner mit, weil Sicherheit immer vorgeht.“ Leon nickte dazu, als würde er Dominics Worte abstützen. „Jedes Fahrzeug hat seine eigenen Voraussetzungen, Funktionen und Geräte. Im Einsatz ist keine Zeit zum Rätseln. Wenn du da unsicher bist, wird’s gefährlich – für dich und für alle anderen.“ Julian versuchte, seine Enttäuschung wegzuschieben. „Also muss ich erst alles lernen, bevor ich wirklich dabei sein kann?“

„Genau“, sagte Dominic, „aber du lernst das nicht alleine. Wir helfen dir dabei.“ Julians Augen wurden sofort wieder heller. „Wirklich? Das wär mega. Könnt ihr mir helfen, damit ich schnell bei allem mitmachen kann?“ Leon legte ihm beruhigend eine Hand auf die Schulter. „Klar. Aber Schritt für Schritt. Am Samstag nach dem Mittagessen fangen wir mit dem ersten Fahrzeug an. Da gibt’s viel zu lernen – und du kannst nicht alles auf einmal aufnehmen.“ Er nahm einen Schluck Cola und sah Julian dabei ganz ruhig an. „Wir erklären dir die Grundfunktionen und das, was du für die Sicherheit sofort wissen musst. Damit du bei den Übungen sinnvoll mithelfen kannst – und später auch bei Einsätzen.“ Dominic nickte. „Und wenn’s sich ausgeht, können wir uns unter der Woche abends nach der Schule treffen. Aber nur, wenn du Zeit hast und nicht gerade für die Schule lernen musst. Den Rest lernst du sowieso nach und nach bei den regulären Übungen. Keine Sorge – wir lassen dich nicht allein.“ Julian atmete aus, ohne zu merken, dass er die ganze Zeit ein bisschen angespannt gewesen war. Allein der Gedanke, dass da drei Leute saßen, die sich Zeit für ihn nehmen würden, machte etwas in ihm warm. Menschen, die vor kurzem noch völlig fremd gewesen waren – und ihn jetzt nicht behandelten wie einen Außenseiter, sondern wie jemanden, der dazugehören *könnte*. Er nahm einen großen Schluck Cola und dachte dabei ungewollt an die letzten Monate. Wie still es zuhause geworden war, seit sein bester Freund weggezogen war. Wie oft er einfach nur in seinen Büchern versunken war. Und wie anders sich das gerade anfühlte. „Okay“, sagte er schließlich und versuchte, geschniegelt entschlossen zu klingen, obwohl es ihm vor Vorfreude kribbelte, „am Samstag nach dem Mittagessen bin ich bereit. Dann will ich alles über die Fahrzeuge lernen, damit ich bald bei Einsätzen mithelfen kann!“ Dominic grinste. Leon nickte. „Dann bis Samstag, also morgen, Julian. Wir zeigen dir alles – versprochen.“ Sebastian war währenddessen schon wieder halb in seinem Handy verschwunden. Sein Display leuchtete verdächtig oft auf. Er verzog das Gesicht, hielt es kurz hoch, sodass die anderen die verpassten Anrufe sahen, und seufzte. „Meine Mama hat offenbar schon mehrmals versucht, mich zu erreichen. Ich ruf schnell zurück.“ Er stand auf, entschuldigte sich mit einer Handbewegung und ging raus. Als die Tür hinter ihm zufiel, lehnte Julian sich zurück und blickte Dominic und Leon neugierig an. „Sagt mal … warum könnt ihr eigentlich schon zu Einsätzen fahren und wisst so viel? Ihr seid ja kaum älter – oder gleich alt wie ich.“ Dominic schob den Stift beiseite und zuckte mit den Schultern, als wäre das die normalste Sache der Welt. „Ich bin schon mit zehn in die Jugendfeuerwehr eingetreten. Mein Vater ist seit Jahren dabei. Da wächst du irgendwie rein.“ Leon ergänzte ruhig: „Ich bin mit zwölf dazu gekommen – durch Dominic. Bis zu meinem fünfzehnten Geburtstag war ich in der Jugendfeuerwehr. Darum kenn ich mich jetzt schon besser aus. Und Sebastian ist auch über Dominic reingerutscht. Wir sind zusammen zur Schule gegangen." Julian runzelte die Stirn. „Moment. Feuerwehrjugend? Was ist das genau?" Dominic lächelte, diesmal ein bisschen stolz. „Du kannst sogar schon mit acht in die Kinderfeuerwehr. Das ist für Acht- bis Zehnjährige. Da geht's spielerisch ums Feuerwehrwesen – ohne große Praxis." Er hob einen Finger. „Und mit zehn kannst du dann in die Jugendfeuerwehr bis zum vollendeten fünfzehnten Lebensjahr. Da lernst du schon richtig: erste Geräte, Fahrzeuge, Gerätekunde, Abläufe – und du darfst üben." Julian nickte langsam, während sich das Bild in seinem Kopf sortierte. „Und mit fünfzehn", fuhr Dominic fort, „wirst du dann aktiv. Genau da steigst du jetzt ein. Ab dem Zeitpunkt darf man – Schritt für Schritt – auch bei Einsätzen mitfahren und Aufgaben übernehmen." „Ah", sagte Julian leise. „Jetzt versteh ich's. Darum seid ihr schon so fit." Leon klopfte ihm kurz auf die Schulter. „Keine Sorge. Du lernst das auch. Und wir helfen dir." Dann fügte er hinzu, als wäre es wichtig, dass Julian das wirklich glaubt: „Und du bist nicht der erste Quereinsteiger. Jugendfeuerwehr ist keine Pflicht. Sie macht manches leichter, weil du die Leute und Geräte schon kennst – aber das holst du jetzt nach." „Genau", bestätigte Dominic. „Wichtig ist, dass du Interesse hast und dranbleibst. Den Rest bekommst du hin." In dem Moment kam Sebastian wieder rein, das Handy noch in der Hand, und kratzte sich verlegen am Hinterkopf.

„Ähm … kleine Plan-Änderung“, sagte er. Leon hob eine Augenbraue. „Ernsthaft?“ Sebastian seufzte. „Ich hab gerade erst gecheckt, dass am Samstag ja das Spiel von unserer Kampfmannschaft ist. „Ich hab mit meinen Eltern ausgemacht, dass ich dort zuschaue. Also kann ich am Samstag leider nicht.“ Sebastian verzog kurz das Gesicht, als wär's ihm selbst peinlich, und hob entschuldigend die Hände. „Mein Bruder spielt nämlich in der Kampfmannschaft. Wenn der am Platz steht, gibt's daheim praktisch keine Diskussion.“ Julian blinzelte interessiert. „Dein Bruder?“ „Ja“, sagte Sebastian und grinste schief. „Daniel ist zwei Jahre älter als ich – also achtzehn. Und glaub mir: Der nimmt das alles sehr ernst.“ Julian musste lächeln. „Ist der dann auch bei der Feuerwehr?“ Sebastian schnaubte kurz und schüttelte den Kopf. „Nein, null. Der ist mit Leib und Seele Fußballer. Wenn's nach ihm geht, besteht die Welt aus Trainingsplan, Matchplan und… na ja, Fußball halt.“ „Schade“, murmelte Julian, ehrlich überrascht. „Eh“, meinte Sebastian, „aber ich hab ihn schon soweit, dass er wenigstens beim Fest mithilft. Und wenn wir mal freiwillige Hände brauchen – Aufbau, abbauen, Schank oder so – dann kann man ihn schon einspannen.“ Er zwinkerte. „Nicht begeistert, aber er tut's. Das zählt, oder?“ Dominic lachte leise. „Das zählt. Vor allem, wenn man's bei ihm überhaupt durchbringt.“ Sebastian nickte zufrieden, als hätte er gerade einen kleinen Sieg gefeiert. „Siehst. Also: Samstag bin ich raus, aber ich bin nicht komplett unbrauchbar für die Feuerwehr.“ Dominic grinste breit. „Typisch Sebastian.“ „Hey“, verteidigte Sebastian sich, die Hände entschuldigend gehoben, „ich wär echt gern dabei – aber das geht sich diesmal nicht aus.“ „Passt schon“, meinte Dominic und klopfte ihm grinsend auf die Schulter. „Fußball ist Fußball.“ Leon wandte sich direkt an Julian. „Wir zwei sind trotzdem da. Und wir fangen wie ausgemacht mit dem ersten Fahrzeug an.“ „Genau“, sagte Dominic. „HLF 3 zuerst – und dann arbeiten wir uns weiter durch. Du wirst sehen, das wird richtig spannend.“ Julian lächelte erleichtert. „Okay. Dann Morgen nach dem Mittagessen.“ Sebastian hob noch einmal entschuldigend die Hand. „Ich hol euch dann eh nach. Spätestens unter der Woche – wenn ich nicht wieder irgendein Fußball-Ding verschlaf.“ Alle lachten, und Julian merkte, wie sich dieses neue Gefühl von Zugehörigkeit ein Stück fester in ihm verankerte.

Kapitel 9

Das erste Fahrzeug kennenlernen

Am Samstag nach dem Mittagessen hielt es Julian keine Minute mehr daheim. Kaum hatte er den Teller in die Küche gestellt, stand Milo schon vor ihm wie ein kleiner Wachposten – schwarzer Cocker Spaniel, Schlappohren, die bei jeder Bewegung mitwippten, und dieser Blick, als würde er ganz genau wissen, dass heute „was Besonderes“ passiert. Der Schwanz schlug so schnell, dass er fast das Tischbein traf. „Nein“, murmelte Julian und beugte sich runter, um ihm kurz über den Kopf zu streichen. „Du kannst diesmal nicht mit. Das ist kein Spaziergang.“ Milo legte den Kopf schief, als würde er beleidigt nachfragen: *Warum eigentlich nicht?* Julian musste grinsen, schnappte sich seine Jacke und steckte das Handy ein. „Ich bin eh bald wieder da“, versprach er – und Milo trottete ihm trotzdem bis zur Tür nach, als könnte er es mit Sturheit noch umverhandeln. Draußen war es warm, die Luft roch nach Sommer und aufgeheiztem Asphalt. Auf dem Weg zur Feuerwehr spürte Julian dieses vertraute Kribbeln im Bauch, das seit dem Unfall irgendwie dazugehört hatte. Je näher er kam, desto schneller schlug sein Herz. Schon von weitem sah er den Hof: geradeaus die großen Hallentore, links der kleinere Trakt mit Zeugmeisterei und Schlauchturm, rechts der Bürotrakt – unten Jugendraum, Besprechungsraum und Toiletten, weiter rechts Werkstatt und Waschbox. Alles wirkte wie aus einem Stück gebaut: Beton, gerade Kanten, klare Linien. Selbst die Schritte klangen hier anders, dumpfer, ruhiger – nichts knarrte, nichts wirkte „alt“. Es fühlte sich an wie ein Ort, der dafür gemacht ist, dass man sich auf ihn verlassen kann. Im Hof standen Fahrzeuge, groß und glänzend, wie schlafende Riesen, die nur darauf warteten, geweckt zu werden. Dominic und Leon warteten schon vor dem Tor und winkten ihm zu. „Bereit?“ rief Dominic fröhlich. Julian nickte – und merkte, dass er dabei automatisch lächelte. „Absolut.“ Leon trat neben ihn, ruhig wie immer. „Gut. Wir fangen heute mit dem HLF 3 an – Hilfeleistungsfahrzeug. Umgangssprachlich sagen wir einfach HLF oder Tank 1. Das ist unser Allround-Fahrzeug: Brandeinsatz, technische Hilfe, vieles. Und sogar für Schadstoffeinsätze haben wir ein paar grundlegende Sachen dabei – zum Beispiel eine Auffangwanne oder spezielle Handschuhe. Wir gehen das heute systematisch durch, damit du dich nicht überfordert fühlst.“ „Ich bin froh, dass ihr das sagt“, gab Julian ehrlich zu und warf einen Blick auf die Größe des Fahrzeugs. „Weil… allein das Ding schaut aus, als könnte es mich erschlagen.“ Dominic grinste. „Keine Sorge. Das macht’s nur, wenn du dich ganz blöd anstellst.“ Sie gingen zum HLF, und Dominic öffnete zuerst die Kabinentür. Julian sah in einen Innenraum, der auf den ersten Blick wie ein Cockpit wirkte: Schalter, Anzeigen, Halterungen,

Funkgeräte – alles sauber, nichts zufällig. „Hier ist der Fahrerplatz“, erklärte Dominic. „Und du musst irgendwann genau wissen, welche Knöpfe wofür sind – Licht, Sondersignal, Funk, alles. Aber…“ Er hob warnend einen Finger. Leon lachte leise. „Aber ohne LKW-Führerschein und Maschinistenausbildung bedienen wir sowieso keine Schalter oder Hebel am Fahrzeug. Wir lernen’s zwar, aber wir spielen nicht Fahrer.“ Julian atmete aus. „Okay. Das beruhigt mich.“ Dominic ging schon weiter zu den Geräteräumen und öffnete eine Klappe. Sofort zeigte sich die Ordnung dahinter: Geräte lagen nicht „drin“, sie waren fixiert, eingepasst, beschriftet – als würde jeder Gegenstand seinen eigenen Platz kennen. „Schau“, sagte Dominic. „Das liegt hier nicht einfach herum. Jeder Geräteraum ist nach Aufgabenbereichen sortiert. Manche sind eher für technische Einsätze, manche für Brandeinsätze. Und manche haben Spezialausrüstung, eben zum Beispiel für Schadstoffe. Das macht im Ernstfall alles schneller – und sicherer.“ Julian beugte sich näher und musste zugeben: Es war logisch. Wie ein gut gebauter Werkzeugwagen – nur in riesig, und mit viel mehr Verantwortung. „Grundsätzlich sind unsere Fahrzeuge ähnlich aufgebaut“, fuhr Dominic fort. „Die Linie zieht sich durch fast alle. Vieles findest du an ähnlichen Stellen, damit man im Stress nicht jedes Mal neu suchen muss. Aber natürlich gibt’s Ausnahmen.“ Er deutete kurz über den Hof, als würde er die Fahrzeugliste im Kopf durchgehen. „In einem

Hubsteiger findest du keine hydraulischen Rettungsgeräte. Und in einem Kleinrüstfahrzeug brauchst du keine Schaumrohre wie auf dem HLF.“ Er sah Julian ernst an – nicht streng, eher so, als würde er ihm ein Geheimnis verraten, das man nicht vergessen darf. „Genau deshalb ist es wichtig zu wissen, welches Fahrzeug für welchen Einsatz ausrückt – und wo was drin ist. Im Einsatz zählt jede Sekunde. Du willst nicht der sein, der ein Gerät zu lange sucht, wenn jemand dringend Hilfe braucht.“ Julian schluckte. „Verstanden.“ Leon führte ihn zum letzten Geräteraum auf der Fahrerseite. „Hier siehst du die wasserführenden Armaturen. Das ist das Herzstück von dem, was man sich unter Feuerwehr vorstellt. Schläuche, Verteiler, Strahlrohr – damit wird's am Ende wirklich ernst.“ Er nahm ein Strahlrohr heraus und hielt es Julian so hin, dass er es gut sehen konnte. „Strahlrohr ist nicht gleich Strahlrohr. Wir verwenden Hohlstrahlrohre. „Strahlrohr ist nicht gleich Strahlrohr“, erklärte Leon und hielt es Julian so hin, dass er die Form gut erkennen konnte. „Wir verwenden Hohlstrahlrohre. Da kannst du nicht nur das Sprühbild von Vollstrahl auf Sprühstrahl flexibel verstellen, sondern auch die Durchflussmenge anpassen – je nachdem, was du gerade brauchst.“ Er tippte kurz auf den Stellring. „Im Gegensatz zu den herkömmlichen Mehrzweckstrahlrohren ist das hier einfach flexibler und schneller im Handling. Du drehst, stellst ein – und hast sofort genau den Strahl, der zur Lage passt.““ Dominic nickte und hakte sofort ein, als hätte er auf genau den Moment gewartet: „Und bei uns hat das Hohlstrahlrohr noch einen großen Vorteil: Im HLF können wir Druckluftschaum erzeugen. Normalen Schaum kennst du sicher aus dem Fernsehen – da brauchst du einen Zumischer und ein Schaumrohr, sonst wird das nix.“ Er deutete mit dem Kinn Richtung Fahrzeug. „Beim Druckluftschaum wird der Schaum fix fertig im Fahrzeug erzeugt und durch die Schläuche geleitet – nicht erst vorne im Schaumrohr. Und das Beste: Wir können unsere Hohlstrahlrohre dafür auch verwenden. Das geht im Einsatz viel schneller.“ Julian blinzelte, die Technik sprang ihn regelrecht an. „Also… wie eine ganz normale Löschleitung, nur dass vorne Schaum rauskommt?“ „Genau“, sagte Leon zufrieden. „Wasserleitung aufbauen – aber statt Wasser kommt Schaum.“ Er hielt Julian das Strahlrohr hin. „Hier. Nimm’s mal in die Hand und probier die Einstellungen.“ Julian spürte sofort das Gewicht – selbst ohne Wasser. Er drehte vorsichtig am Stellring, testete das Sprühbild und musste grinsen, weil er sich dabei plötzlich wie jemand fühlte, der *dazugehört*. „Wow… das ist echt spannend.“ „Keine Sorge“, sagte Dominic mit einem kurzen Seitenblick. „Nächste Übung merkst du, wie sich das anfühlt, wenn der Schlauch gefüllt ist. Dann wird’s richtig lustig.“ Dominic deutete auf die aufgerollten Schläuche im Geräteraum. „Wir haben A-, B- und C-Druckschläuche sowie A-, B- und F-Saugschläuche.

Die unterscheiden sich in Größe und Einsatzbereich. Das ist das ABC vom Feuerwehrsein." Er hob kurz die Hand, als würde er Julian beruhigen, bevor dessen Kopf explodiert. „In den normalen Fahrzeugen haben wir aber vor allem C- und B-Druckschläuche mit." Er nahm einen C-Schlauch aus der Halterung und reichte ihn Julian. „Probier mal, wie man ihn ausrollt und anschließt. Schlauchführung musst du sauber lernen – sonst kann's im Einsatz gefährlich werden." Julian nahm den Schlauch und war sofort überrascht: schwerer als gedacht, sperriger als in Videos, und das Ausrollen fühlte sich beim ersten Versuch… unbeholfen an. Leon trat neben ihn, zeigte ruhig auf die ordentlich vorbereiteten Schläuche. „Schau. Unsere Druckschläuche sind für den Transport und fürs schnelle Ausrollen doppelt gerollt und mit einem Schlauchträger fixiert. Der Träger macht's leichter zu tragen, und du kannst den Schlauch sauber und schnell ablegen. Kupplungen sind geschützt, alles bleibt kompakt." Er nahm einen Schlauchträger in die Hand und zeigte den Griff. „Und ganz wichtig: Den Schlauchträger lässt man nicht irgendwo liegen. Der gehört wieder zurück. Spätestens nach dem Waschen im Feuerwehrhaus brauchen wir ihn wieder, damit wir den Schlauch ordentlich rollen, fixieren und für den nächsten Einsatz vorbereiten können." Julian nickte, wiederholte die Handgriffe und merkte, wie die Bewegungen langsam weniger „falsch" wurden. „Wenn wir einen Schlauch benutzt haben und er danach nass oder verschmutzt ist", erklärte Leon weiter, „dann reicht es fürs Erste, ihn einfach zu rollen, damit wir ihn sicher mitnehmen können. Richtig sauber und einsatzbereit gemacht wird er später – aber für den Rücktransport muss es schnell und praktikabel sein.“ „Okay“, sagte Julian leise, und in seinem Kopf sortierte sich endlich etwas. „Doppelt gerollt mit Träger für Einsatzbereitschaft – einfach gerollt für den schnellen Rückweg.“ Leon grinste. „Genau. Du lernst schnell.“ Dominic ergänzte: „Und merk dir den Unterschied: B-Schlauch ist meist Zubringer, also Versorgungsleitung – große Wassermenge von der Pumpe oder vom Tankwagen zur Einsatzstelle. Angriffsleitungen direkt am Brand machen wir fast immer mit C-Schläuchen, weil sie leichter und flexibler sind.“ Julian probierte noch einmal, kuppelte, löste, kuppelte neu. „Also C für den Angriff, B zum Versorgen – richtig?“ „Genau“, bestätigte Leon. „Und irgendwann merkst du dir die Maße automatisch.“ Dominic grinste plötzlich, als hätte er sich eine kleine Falle ausgedacht. „Übrigens… weißt du eigentlich, welche Maße die Schläuche haben? Oder kannst du’s schätzen?“ Julian schüttelte ehrlich den Kopf. „Ja eh“, sagte Dominic und lachte leise. „Woher solltest du das auch wissen?“ Leon übernahm, ruhig und klar: „Bei uns ist es so: Ein C-Schlauch kann 42 oder 52 Millimeter Durchmesser haben. Der C52 hat normalerweise 15 Meter Länge. Und unsere C42 sind eine Ausnahme – die haben 20 Meter.“ Julian blinzelte. „Okay… C42 länger als ich gedacht hätte.“ „Genau“, sagte Leon.

„Und der B-Schlauch: 75 Millimeter Durchmesser und 20 Meter Länge.“ Dominic nickte zufrieden. „Am Anfang klingt das wie Zahlensalat. Aber irgendwann weißt du’s, ohne nachzudenken.“ Julian atmete aus und musste selbst lachen. „Dann hoffe ich, mein Gehirn sortiert das bald so sauber wie eure Geräteräume.“ Dominic ging zum Verteiler, um ihn aus dem Geräteraum zu holen. „Bauen wir doch mal eine Übungsleitung ohne Wasser auf, damit du verstehst, welche Anschlüsse am Verteiler wofür sind und wie man alles richtig verbindet.“ Er griff nach dem Verteiler – doch als er ihn aus der Halterung ziehen wollte, klemmte die Verriegelung. Dominic zog ein bisschen stärker. Im nächsten Moment löste sie sich mit einem kleinen Ruck. Der Verteiler kam ihm schneller entgegen, als er wollte. Julian zuckte instinktiv zurück. Es fehlte wirklich nicht viel – und das Ding hätte ihn am Kopf erwischt. „Uff!“ Leon machte einen Schritt her und musste sofort lachen, weil es so knapp gewesen war. Dominic hielt den Verteiler fest, blinzelte kurz – und grinste dann entschuldigend zu Julian. „Sorry!“ Julian lachte nervös auf und fasste sich unbewusst an den Kopf, genau an die Stelle, wo er fast getroffen worden wäre. „Wie du siehst“, meinte Dominic scherzhaft, „ist das Feuerwehrspielen nicht ganz ungefährlich.“ Dann wurde er wieder einen Tick ernster, blieb aber locker. „Und genau deshalb ist Wartung am Fahrzeug so wichtig. Die Verriegelung gehört nachgeschmiert. Ich schreib Patrick gleich eine Nachricht.“ Leon nickte zustimmend. „Guter Punkt. Kleines Detail, große Wirkung.“ Leon hob den Verteiler hoch, als würde er Julian ein seltenes Sammlerstück zeigen. „Bevor wir was ankuppeln, schauen wir uns das Ding kurz an“, sagte er – und grinste dann in Dominics Richtung. „Und nein: Den kann man nicht nur zum Leute erschlagen verwenden …“ Julian musste jetzt richtig lachen, obwohl ihm immer noch ein bisschen die Knie weich waren. „Sondern“, setzte Leon trocken nach und drehte den Verteiler so, dass Julian die Anschlüsse gut sehen konnte, „das ist ein taktisch sehr wichtiges Instrument. Also: Was meinst du – wofür ist die größere Kupplung hier?“ Julian beugte sich vor. „Der Eingang?“ „Richtig. Und welche Schlauchgröße?“ „B?“ Leon nickte. „Genau. Hier kommt der B-Schlauch von der Pumpe rein. Zuleitung.“ Er zeigte auf die kleineren Abgänge. „Und die beiden?“ „C-Ausgänge. Für zwei Strahlrohre?“ „Exakt. Und die Absperrhähne sind Gold wert: Erst sauber kuppeln, dann Wasser geben.“ Dann klopfte Leon auf den dritten, mittleren Anschluss. „Und der hier?“ Julian zögerte. „B-Abgang… zum Weiterleiten?“ „Bingo.“ Leon grinste. „Wenn wir die Wasserversorgung verlängern oder weiterführen müssen. Oder wenn wir eine B-Angriffsleitung haben. Oder einen Wasserwerfer betreiben wollen. Oder ein Hubrettungsgerät versorgen.“ Er ließ das kurz wirken, dann hob er eine Augenbraue. „Was glaubst du: Können wir alle drei Ausgänge gleichzeitig verwenden?“ Julian blinzelte, dachte nach und sah noch einmal genau hin. „Ich denke eher nicht… wenn ja nur Wasser von einem B kommt, kann man ja nicht zwei C und einen B versorgen, oder?“ Leon grinste zufrieden. „Genau die richtige Denkweise. Ab da wird aus einem Stück Gerät ein taktisches Werkzeug.“ Dann nahm Leon einen C-Schlauch und kuppelte ihn an den Verteiler. „Du siehst, wie alles verbunden wird. Jeder Handgriff muss sitzen, damit es später im Einsatz sicher funktioniert.“ Julian durfte selbst einen Schlauch ankuppeln. Er war überrascht, wie fest die Kupplungen saßen – und wie präzise man sie führen musste, damit es wirklich sauber einrastete. „Okay“, murmelte er, „das ist gar nicht so leicht, wie es aussieht.“ Leon nickte nur, als wäre das die normalste Erkenntnis der Welt. „Genau. Und deshalb üben wir’s.“ Zum Schluss hielt Leon Julian das Strahlrohr noch einmal hin. „Du kannst schon mal fühlen, wie schwer es ohne Wasser ist. Beim nächsten Mal, wenn wir mit Wasser arbeiten, merkst du, wie viel Kraft wirklich dahinter steckt. Aber heute geht’s darum, dass du die Technik verstehst.“ Julian nickte – und in seinem Kopf fühlte sich plötzlich vieles nicht mehr wie Chaos an, sondern wie ein System, das zusammenpasst. „Alles klar. Ich verstehe schon langsam, wie das alles zusammenhängt.“ Leon klopfte ihm anerkennend auf die Schulter. „Gut gemacht. Du hast jetzt einen ersten Überblick über Verteiler, Schläuche und Strahlrohr. Nächste Woche gehen wir dann noch tiefer rein.“ Julian strahlte. „Ich freu mich schon drauf. Ich will alles lernen – und irgendwann richtig mithelfen können.“ Und irgendwo in seinem Hinterkopf tauchte kurz Milo auf, wie er daheim wahrscheinlich wieder mit schief gelegtem Kopf wartet – und Julian dachte: *Wenn ich’s wirklich durchzieh, hab ich bald zwei Dinge, die fix zu mir gehören: Milo... und die Feuerwehr.*

Kapitel 10

Hausalarm und unerwartete Begegnungen

Julian, Leon und Dominic standen noch beim HLF, als sie gerade dabei waren, die Löschleitung durchzugehen. Julian ließ den Blick immer wieder über die offenen Geräteräume wandern und versuchte, sich die Reihenfolge wie eine kleine Formel im Kopf abzuspeichern. „Also“, sagte Leon ruhig, „Schlauch, Verteiler, Strahlrohr – das wirkt am Anfang wie viel, aber es ist ein System. Wenn du das einmal verstanden hast, wird’s logisch.“ Julian nickte und merkte, wie sich seine Stirn automatisch in Konzentrationsfalten legte. „Ich glaub, ich komm langsam rein.“ Dominic wollte gerade den Verteiler wieder in die Hand nehmen, als plötzlich ein lauter, durchdringender Ton durch die Fahrzeughalle schnitt. Hausalarm. Alle drei zuckten zusammen, als hätte jemand den Schalter von „Erklären“ auf „Echt“ umgelegt. „Einsatz!“, rief Dominic sofort, und die ganze Stimmung kippte innerhalb einer Sekunde von locker zu glasklar. Leon warf nur einen kurzen Blick Richtung HLF. „Okay. Wir räumen alles weg. Das Fahrzeug muss sofort einsatzbereit sein!“ Sie bewegten sich nicht hektisch – aber schnell. Dominic hob den Verteiler, Leon schnappte die Schläuche, und Julian half, so gut er konnte. Er drückte Klappen zu und kontrollierte mit einem schnellen Blick, ob alles wirklich eingerastet war. Das Klicken der Verschlüsse hallte trocken von den Betonwänden zurück. „Danke, Julian!", rief Leon schon im Laufen. „Wir müssen uns umziehen!" Dominic und Leon sprinteten zu ihren Spinden, Stiefel trommelten über den glatten Hallenboden. Julian blieb einen Moment stehen, als wäre er kurz festgewachsen. So gern er mitgelaufen wäre – er wusste, dass er nicht mitfahren durfte. Ohne Grundwissen, ohne Einschulung, ohne die Abläufe… das war nicht nur „verboten". Das konnte schlicht gefährlich werden. Also trat er einen Schritt zurück und beobachtete. Die Halle wurde in Sekunden lebendig: Feuerwehrleute kamen herein, zogen Jacken und Hosen über, griffen nach Helmen. Kurze Kommandos flogen durch den Raum, knapp und eindeutig. Das Klacken von Schnallen, das dumpfe Auftreten von Stiefeln auf Beton – alles wirkte eingespielt, routiniert und konzentriert. Dann gingen die großen Tore auf. Motoren dröhnten los, als hätten auch sie nur darauf gewartet. Erst rollte das HLF aus der Halle, kurz dahinter das KLF. Blaulicht flackerte in der Abendluft, Martinshorn setzte ein – und binnen Sekunden waren die Fahrzeuge auf der Straße verschwunden. Julian schluckte. Bald, dachte er. Irgendwann. Der Alarmtext war kurz: Brand eines Müllbehälters am Hauptplatz. Für die Feuerwehr vermutlich Routine – aber trotzdem ein echter Einsatz. Ein echtes Martinshorn. Echte Leute, die gerade losfuhren, um etwas zu löschen, bevor es schlimmer wurde. Julian ging hinaus in den Hof und setzte sich auf die Bank direkt neben den Toren. Die plötzliche Stille nach der Hektik fühlte sich fast merkwürdig an. Er hörte noch das entfernte Echo des Martinshorns, dann blieb nur noch das normale Leben übrig: irgendwo eine Autotür, Stimmen aus der Ferne, Wind, der über den Hof strich. Dann hörte er schnelle Schritte. Drei Mädchen kamen halb laufend, halb lachend auf den Hof – und in ihren Händen klebten Eisbecher, die ihren besten Zustand eindeutig schon hinter sich hatten. Ein Tropfen landete auf dem Deckel, noch einer am Becherrand. „Na super… natürlich sind wir zu spät“, meinte die Erste und versuchte, ihr Eis mit dem Löffel zu retten, bevor es komplett davonlief. Sie wirkte auf eine unaufdringliche Art geschniegelt, die Haare kastanienbraun und ordentlich zusammengebunden, und als sie kurz den Kopf hob, blitzten grüne Augen. Die Zweite lachte außer Atem. „Das war Timing auf Weltklasse-Niveau.“ Sie hatte mittelbraunes Haar, das ihr ein bisschen ins Gesicht gerutscht war, und dieser ruhige, wache Blick – als würde sie automatisch immer alles mitdenken, auch wenn sie gerade lachte. Die Dritte grinste frech, wischte sich mit dem Handrücken einen Tropfen Eis von der Fingerkuppe und hatte so eine lebendige Mimik, dass man ihr die Sätze schon im Gesicht ablesen konnte. Dunkelbraunes Haar, hellbraune Augen, und dieses „Ich sag’s jetzt einfach“-Grinsen. Als sie Julian entdeckten, bremsten sie ab. „Du bist doch Julian, oder?“, fragte die Erste freundlich. Julian stand ein bisschen unsicher auf. „Ähm… ja.“ „Dürfen wir uns dazusetzen?“ „Klar.“ „Ich bin Julia“, sagte sie, als sie Platz nahm. „Das ist Sarah und das ist Sabrina.“ „Freut mich“, sagte Julian ehrlich. Er merkte, wie schnell sich sein Herz wieder beruhigte – nicht weil der Einsatz weniger beeindruckend war, sondern weil diese Situation plötzlich… normal wirkte. Als wäre es das Selbstverständlichste der Welt, dass er hier dazugehört. Sarah lächelte ruhig. „Dominic hat uns schon von dir erzählt.“ Sabrina nickte sofort. „Ja, und wir haben von deiner Aktion beim Unfall gehört. Notruf, Erste Hilfe… richtig stark.“ Julian spürte, wie ihm Wärme ins Gesicht stieg. Er hasste dieses Rotwerden. Es passierte einfach. „Ich hab… ich hab nur gemacht, was ich konnte.“ „Genau das ist der Punkt“, meinte Julia, und ihr Ton war nicht übertrieben, sondern ernst auf die gute Art. „Nicht jeder tut das.“ Dann sah sie ihn neugierig an. „Und? Wie gefällt’s dir bisher bei uns?“ Julian musste nicht lange überlegen. „Voll gut. Ich bin komplett fasziniert – von der Technik, den Fahrzeugen, wie alles organisiert ist. Man sieht als Außenstehender ja immer nur Einsätze, aber hier merkt man erst, wie viel dahintersteckt.“ Er zögerte kurz, dann grinste er ein bisschen. „Und ich bin ehrlich gesagt auch stolz, dass ich schon meine Einsatzbekleidung bekommen hab. Und sogar einen eigenen Spind.“ „Oho“, machte Sabrina und hob den Löffel wie eine kleine Auszeichnung. „Jetzt wird’s offiziell.“ Julia lachte.

„Welchen Spind hast du denn?“ „Vierundneunzig.“ Sarah nickte sofort, als hätte sie innerlich eine Liste. „Ah. Das ist gleich neben Leons Spind.“ Julian blinzelte überrascht. „Ja… genau.“ „Na schau“, grinste Sabrina, „perfekter Platz.“ Julian musste lachen. Das Gespräch fühlte sich erstaunlich leicht an – und gleichzeitig wichtig. Diese drei kannten ihn erst seit Minuten, aber sie zogen ihn ganz selbstverständlich in diese Welt hinein, als wäre da von Anfang an ein Platz für ihn frei gewesen. In genau diesem Moment hörten sie wieder schnelle Schritte vom Parkplatz. Sebastian kam im Laufschritt ums Eck, noch im kompletten Fußballtrikot, verschwitzt und außer Atem. „Nicht euer Ernst!“, rief er. „Ich bin direkt vom Match hergerannt! Ich war mit meinen Eltern dort – und jetzt sind schon alle weg!“ Er ließ sich auf die Bank fallen, schnappte nach Luft und sah in die Runde. Dann runzelte er die Stirn. „Ähm… was ist überhaupt für ein Einsatz? Ich hab nur den Alarm mitbekommen, aber gar nicht geschaut, was da eigentlich steht.“ Sarah zuckte mit den Schultern. „Nur ein Müllbehälterbrand am Hauptplatz.“ Sebastian starrte sie an. „Warte… ich bin wegen eines Müllbehälters vom Platz weggelaufen?“ Julia grinste sofort. Sabrina legte den Kopf schief, als würde sie es genießen. „Okay“, murmelte Sebastian und rieb sich über die Stirn. „Ich sollte wirklich lesen, was im Alarmierungstext steht, bevor ich loslaufe.“ Julia lachte. „So typisch Sebastian. Hauptsache auf und los – und trotzdem zu spät.“ Sabrina schüttelte lachend den Kopf. „Konsequente Linie, wenigstens.“ Sebastian entdeckte Julian und grinste jetzt wieder, als wäre die Welt plötzlich doch in Ordnung. „Na wenigstens bist du da.“ Julian lachte leise. „Ich wär ja auch fast mitgerannt.“ „Ich hab ja gewusst, dass ihr heute Gerätekunde macht“, sagte Sebastian etwas entschuldigend. „Ihr habt ja gestern noch darüber gesprochen. Ich konnte nur nicht mit, weil das Match mit meinen Eltern ausgemacht war.“ Julian nickte. „Wir waren gerade bei der Löschleitung, Strahlrohr, Verteiler… dann kam der Alarm.“ „Echt cool“, meinte Sabrina. „Und du hast schon ein bisschen reingeschnuppert.“ „Ja, aber mitfahren darf ich noch nicht“, sagte Julian ehrlich. „Ich muss erst alles lernen.“ „Das kommt schneller, als du denkst“, sagte Sarah, ruhig und sicher. Julia nickte. „Und wenn du willst, helfen wir dir auch dabei.“ „Klar“, ergänzte Sabrina. „Je mehr Leute dich unterstützen, desto schneller sitzt das Ganze.“ Sebastian hob die Hände. „Ich auch – so viel ich schaff, wenn der Fußball mich nicht wieder auffrisst.“ Julian grinste. Zum ersten Mal fühlte er sich nicht wie ein Gast, der zufällig hereingestolpert war, sondern wie jemand, der langsam wirklich Anschluss fand. Gemeinsam saßen sie auf der Bank, redeten, lachten – und warteten auf die Rückkehr der Fahrzeuge.

Kapitel 11

Rückkehr vom Einsatz

Julian, Julia, Sarah, Sabrina und Sebastian saßen immer noch auf der Bank vor dem Feuerwehrhaus, als in der Ferne dieses vertraute, tiefe Brummen auftauchte – wie ein Geräusch, das man erst für ein normales Auto hält und dann merkt: Nein. Das sind sie. Julian richtete sich sofort auf, als hätte ihn jemand am unsichtbaren Faden hochgezogen. „Ich glaub, sie kommen zurück", sagte er leise. Es war komisch: Er war gar nicht mitgefahren – und trotzdem fühlte es sich an, als würde er auf „sein" Team warten. Kurz darauf bogen das HLF und das KLF in den Hof ein. Ohne Blaulicht, ohne Martinshorn. Nur Diesel, Reifen auf dem Hof und dieses ruhige, kontrollierte Tempo, das irgendwie sagte: Einsatz vorbei. Alles unter Kontrolle. Die Fahrzeuge rollten an den großen Hallentoren vorbei, die geradeaus im Betonbau lagen, und verschwanden im Bauch der Fahrzeughalle. Türen klappten, Stimmen wurden lauter, irgendwo klirrte kurz Metall, dann wieder dieses typische Echo, das Beton eben macht – kein Knarzen, kein Quietschen, nur harte, klare Geräusche. Für Julian fühlte es sich an wie das Ende eines kleinen Abenteuers, von dem er nur die zweite Hälfte gesehen hatte. „So", murmelte Sebastian neben ihm und strich sich das verschwitzte Trikot glatt, als würde er doch noch geschniegelt wirken wollen. Man sah ihm an, dass er wirklich gerannt war. „Jetzt bin ich gespannt.“ Die Fahrzeugtüren gingen auf, und nach und nach stiegen die Feuerwehrleute aus. Manche lachten, andere wirkten müde, aber entspannt. Kein hektisches Umherlaufen, keine scharfen Kommandos mehr. Das war ein gutes Zeichen. Ein *sehr* gutes. Wenig später tauchten auch Dominic und Leon wieder auf – Helme schon weggeräumt, Jacken geöffnet, halb noch in diesem „Einsatzmodus“, den Julian noch nicht richtig erklären konnte. Dominic entdeckte als Erster die Bankrunde. „Na schau an“, grinste er, „da ist ja die halbe Jugendabteilung versammelt.“ Sein Blick blieb an Sebastian hängen, und das Grinsen wurde breiter. „Und unser Fußballstar ist natürlich… wie immer… zu spät.“ Sebastian riss gespielt empört die Augen auf. „Hey! Ich bin direkt vom Fußballplatz hergerannt! In voller Montur!“ Er deutete theatralisch auf sein Trikot. „Ich hätte eigentlich Applaus verdient! Daniel hat heute gespielt, das war fix ausgemacht!“ Leon lachte leise. „Applaus vielleicht – pünktlich bist du trotzdem nicht gewesen.“ Die Stimmung war sofort locker. Julian merkte, wie er unbewusst ausatmete. Einfach, weil Dominic und Leon da waren. Gesund. Gut gelaunt. So, wie man sie sehen will. „Und?“, fragte Julia neugierig und rückte ein Stück nach vorn. „Was war jetzt eigentlich genau beim Einsatz?“ Sabrina beugte sich mit ihrem halb geschmolzenen Eisbecher vor, als wäre das hier ein Kino. „War’s schlimm? Oder eher Routine?“ Dominic winkte ab. „Eher Routine. Brand eines

Müllbehälters am Hauptplatz, wie gemeldet." Dann schüttelte er grinsend den Kopf. „Als wir angekommen sind, war der Mistkübel praktisch schon erledigt." „Wie, erledigt?", fragte Sebastian irritiert und blinzelte, als hätte er sich verhört. Leon nickte. „Eine Kellnerin vom Café daneben war schneller als wir. Als wir hingekommen sind, stand sie schon mit einem Kübel neben dem Mistkübel – ganz entspannt – und der Brand war aus." „Kein Witz", ergänzte Dominic. „Wir wollten gerade eine Kübelspritze nehmen – reicht für sowas völlig – und da steht sie schon da, schaut uns an und meint sinngemäß: *Hab ich schon.*" Die Runde lachte. Selbst Sarahs ruhiges Lächeln wurde breiter. Julian musste auch schmunzeln, auch wenn ein kleiner Teil in ihm kurz enttäuscht war. Nicht, weil er Action wollte – eher weil sich sein Kopf sofort Fragen stellte: *Und was macht man dann? Wenn's schon aus ist? Fährt man wieder heim? Oder gibt's trotzdem Abläufe?* „Also gar nichts zu tun?", fragte er, ehrlich interessiert. „Doch", sagte Leon sofort, und sein Ton wurde einen Tick ernster. „Nur weil's nicht mehr brennt, heißt das nicht, dass wir umdrehen. Wir haben kontrolliert, nachgelöscht und geschaut, ob irgendwo noch Glutreste sind. So was kann wieder aufflammen, wenn man's unterschätzt." Sabrina nickte langsam. „Also: klein, aber trotzdem wichtig." „Genau", bestätigte Leon. „Lieber einmal zu viel ausrücken als einmal zu wenig." Julia hob die Augenbrauen – und grinste dann. „Also… sind nicht nur wir zu spät gekommen, sondern ihr auch?" Einen Moment war es still. Dann brach Gelächter aus. Selbst Dominic musste lachen und hob abwehrend die Hände. „Frechheit! Wir waren taktisch… minimal nachrangig." „Aha", meinte Sebastian trocken. „Die Kellnerin war einfach schneller im Löschen." Julian lachte mit, und plötzlich fühlte sich Feuerwehr noch greifbarer an. Nicht nur Blaulicht. Nicht nur „große Einsätze". Sondern auch Mistkübel, Kontrolle, Nachlöschen – und Humor, damit man bei dem Ganzen nicht verkrampft. Dominic sah zu Julian hinüber. „Und? Bist du jetzt noch motiviert? Auch wenn's manchmal eher nach verbranntem Mistkübel riecht statt nach Hollywood-Feuerwehr-Action?" Julian grinste. „Ja. Vielleicht sogar noch mehr. Ich will wissen, wie das alles funktioniert – von den kleinen Einsätzen bis zu den großen." „Gewöhn dich dran", sagte Sebastian und lehnte sich zurück. „Viele Einsätze sind klein, aber wichtig. Und manchmal lernst du gerade bei den unspektakulären Sachen am meisten." Julia lächelte. „Und bis du mitfahren darfst, helfen wir dir beim Lernen." „Klar", ergänzte Sabrina und stupste Julian leicht mit dem Ellenbogen an. „Mit oder ohne Fußball-Zeitplan." Leon schüttelte schmunzelnd den Kopf. „Keine Sorge, Julian. Wir machen das ordentlich – damit du bald wirklich sicher mithelfen kannst." Julian spürte, wie sich in ihm dieser warme, feste Entschluss wieder meldete. *Ich bleib dran.* Und diesmal war er nicht allein. Es war inzwischen wieder ruhiger geworden. Die Fahrzeuge standen schon wieder drin, die großen Tore waren geschlossen. Nur aus dem Inneren hörte man gedämpfte Stimmen und hin und wieder das Klappern von etwas Metallischem – als würde die Halle selbst noch kurz „durchatmen“, bevor wieder Alltag einkehrte. Da öffnete sich links neben den Hallentoren eine Seitentür – der Zugang Richtung Zeugmeisterei und Schlauchturm – und Patrick trat hinaus. Schlüsselbund am Gürtel, der Blick wach und präzise. Nicht streng im Sinn von „böse“, sondern in diesem „Ich seh alles“-Modus, der zu ihm passte, als wäre das einfach sein Job. Er blieb kurz stehen, ließ den Blick über den Hof und die Runde auf der Bank schweifen. Sein Blick blieb vor allem an Dominic und Leon hängen – halb umgezogen, aber offensichtlich schon wieder im Plaudermodus. „Na“, begann er, „habt ihr’s euch schon gemütlich gemacht?“ Dominic und Leon drehten sich sofort zu ihm. Die fünf auf der Bank wurden schlagartig still – sogar Sebastian wirkte für zwei Sekunden so, als wäre er gerade wieder in einer Reihe „Habt Acht“ gelandet. Patrick blieb vor ihnen stehen. „Sagt mal“, fragte er ruhig, aber deutlich, „ist denn alles wieder einsatzbereit in den Fahrzeugen?“ Leon antwortete sofort. „Ja. Wir haben beim Einsatz eigentlich nur die Kübelspritze gebraucht. Die haben wir gleich nach dem Einrücken wieder nachgefüllt und sauber zurück ins Fahrzeug gestellt.“ Dominic nickte. „Mehr war’s wirklich nicht. Geräteräume sind zu, alles ist an seinem Platz.“ Patrick ließ den Blick kurz über die beiden gleiten, als würde er im Kopf jedes Fach einmal durchgehen. Dann sah er zu den fünf auf der Bank – und blieb einen Moment bei Julian hängen. „Gut“, sagte er schließlich. „Aber ich sag euch das jetzt trotzdem – und ganz besonders dir, Julian, weil du neu bist.“ Julian richtete sich unwillkürlich ein bisschen auf. „Nach jedem Einsatz müssen unsere Fahrzeuge so dastehen, als würden sie in der nächsten Minute wieder ausrücken“, begann Patrick. „Egal, ob es ein Mistkübel war, ein Sturmschaden oder ein großer Brand. Das ist nicht pedantisch – das ist Sicherheit.“ Sebastian wollte schon irgendwas einwerfen, ließ es aber. Das allein sagte genug. Patrick deutete Richtung Halle. „Es geht darum, dass alles sauber zurückkommt, dass nichts fehlt, dass man Schäden sofort meldet und nicht erst später merkt, dass irgendwas nicht mehr passt. Und dass die Geräteräume geschlossen sind, wie's sich gehört.“ Dann machte er eine kurze Pause und fügte in einem Ton hinzu, der keinen Widerspruch duldete: „Und der Fahrer schaut natürlich, dass Treibstoff und Wassertank passen. Das ist seine Verantwortung. Denn es hilft niemandem, wenn man beim nächsten Alarm mit halbleerem Tank oder zu wenig Wasser draußen steht.“ Julian nickte langsam. Er hatte bisher vor allem an Blaulicht, Fahrzeuge und Geräte gedacht – nicht daran, dass Verlässlichkeit oft erst *nach* dem Einsatz beginnt. Dass „bereit sein“ nicht ein Moment ist, sondern ein Zustand. Patrick schien genau das zu lesen. „Viele denken bei Feuerwehr nur an Sirene und

Action“, sagte er. „Aber Ordnung, Vorbereitung und Vollständigkeit gehören genauso dazu. Wer bei der Feuerwehr ist, übernimmt Verantwortung – auch ihr. Und du, Julian, gewöhn dir das von Anfang an an. Das ist genauso wichtig wie jedes Werkzeug.“ „Hab ich verstanden“, sagte Julian ernst. Patrick nickte zufrieden, und sein Gesicht wurde wieder etwas weicher. „Na gut. Wenn das alles passt, könnt ihr euren Samstag noch genießen. Ich bin drinnen, falls wer was braucht.“ Dominic hob schnell die Hand. „Ah ja – fast vergessen. Wir sind vorher mit Julian die wasserführenden Armaturen vom HLF durchgegangen. Dabei haben wir gemerkt, dass die Verriegelung vom Verteiler ein bisschen klemmt.“ Leon konnte sich ein Grinsen nicht verkneifen. „Julian hat's fast zu spüren bekommen. Oder besser gesagt… er hätte den Verteiler fast verinnerlicht.“ Alle lachten. Julian fasste sich unbewusst an den Kopf – einfach, weil sein Körper sich an den Moment erinnerte, wo das Ding plötzlich schneller war als gedacht. Patrick verzog erst den Mund. Dann musste er selbst kurz schmunzeln. „Okay – das ist zwar nicht lustig“, sagte er mit einem Seitenblick auf Leon, „aber gut, dass ihr's sagt. Ich schau mir das gleich an.“ Er drehte sich um und verschwand wieder durch die Seitentür in den Betonbau. Für einen Moment war es still. Dann löste Sebastian die Spannung wie gewohnt auf. „Puh“, murmelte er. „Bei Patrick hat man immer das Gefühl, er weiß sogar, wenn man nur falsch an einem Geräteraum vorbeigeschaut hat.“

Sabrina grinste. „Er ist Zeugmeister. Das ist quasi eine Superkraft.“ Julia sah zu Julian. „Aber recht hat er schon. Wenn’s mal ernst wird, willst du nicht der sein, der irgendwo was übersieht.“ Julian nickte. „Ja.“ Er sagte es leise, aber es klang fest. „Ich will, dass sich die anderen irgendwann auf mich verlassen können.“ Leon lächelte kurz. „Das kommt. Wir schauen am Anfang eh mit.“ Dominic streckte sich und sah in die Runde. „So. Einsatz erledigt, Kübelspritze wieder voll, Patrick-Zertifikat für ‘alles ordentlich’ haben wir auch…“ Er grinste. „Was machen wir jetzt mit dem Rest vom Tag?“ Sebastian war sofort wieder ganz da. „Hauptplatz. Eis. Und wir schauen nach, ob der legendäre Mistkübel noch steht.“ Sarah lachte leise. „Das wirst du ihnen jetzt ewig vorhalten, dass sie auch zu spät zum Brand gekommen sind, weil die Kellnerin schneller war, oder?“ „Auf jeden Fall“, sagte Sebastian feierlich. Sabrina hob ihren Becher. „Ich bin dabei! Also bei einem *Eis*, meine ich.“ „Fix“, meinte Julia. Sarah sah zu Julian. „Kommst du mit?“ Julian grinste. „Ja. Klar. Jetzt will ich ihn auch sehen.“ Dominic und Leon tauschten einen kurzen Blick. „Geht ihr schon vor“, meinte Leon. „Wir schauen noch kurz, ob wirklich alles passt, ziehen uns noch um, und kommen nach.“ „Genau“, ergänzte Dominic. „Nicht, dass Patrick plötzlich doch noch irgendwo einen vergessenen Weltuntergang findet.“ Alle lachten. Die fünf auf der Bank standen auf und machten sich auf den Weg Richtung Hauptplatz – Julian mittendrin, nicht mehr als Besucher, sondern als Teil einer Runde, in der er sich erstaunlich schnell richtig fühlte. Und während sie losgingen, dachte Julian kurz an zuhause: an Milo, der ihn wahrscheinlich mit schief gelegtem Kopf erwarten würde, als hätte er die ganze Zeit gefragt: *Na? Wo warst du?* Julian musste bei dem Gedanken grinsen – und ging trotzdem weiter. Weil er wusste: Das hier war neu. Und es war gut.

Kapitel 12

Eis, Lachen und neue Bande

Der Weg vom Feuerwehrhaus zum Hauptplatz war wirklich nicht weit – ein paar Minuten, einmal über die Straße, vorbei an Gärten und Einfahrten. Und trotzdem fühlte es sich für Julian an, als würde er gerade eine ganz neue Strecke gehen. Nicht, weil sie anders aussah… sondern weil er sie diesmal nicht allein ging. Er war mitten drin. In einer kleinen Gruppe, die sich so selbstverständlich anfühlte, als hätte sie schon immer existiert. Sebastian marschierte vorneweg und tippte einen Ball, den er irgendwo aufgesammelt hatte, locker mit dem Fuß vor sich her – so, als würde er damit beweisen wollen, dass er *auch ohne Feuerwehrstiefel* Tempo machen kann. Julia und Sabrina gingen nebeneinander, lebhaft plaudernd und in einem Takt, bei dem Julian nie genau wusste, ob sie gerade über den Einsatz, über Eis oder über irgendwen aus der Schule redeten – meistens über alles gleichzeitig. Sarah lief eher ruhig neben Julian, nicht zu nah, nicht zu weit weg. Ab und zu streifte ihr Blick kurz seinen, dann schaute sie schnell wieder nach vorne und lächelte so, als würde sie über etwas nachdenken, das sie niemandem erklären wollte. Julian merkte, wie ihm das gefiel. Dieses leise, unaufdringliche Dabeisein. „Also“, sagte Sebastian plötzlich und drehte sich rückwärts zu den anderen um, während der Ball weiter vor seinen

Füßen kullerte, „nur damit das klar ist: Wenn der Mistkübel noch steht, verlange ich, dass man mir offiziell erlaubt, ihn zu treten.“ „Wenn du den jetzt auch noch kaputt machst, rücken wir heute noch ein zweites Mal aus“, lachte Sabrina und hielt ihren inzwischen gefährlich schiefen Eisbecher fest, als wäre er ein verletzter Patient. „Na dann hab ich wenigstens einen Grund, endlich mal pünktlich zu sein“, konterte Sebastian sofort. Julia schüttelte den Kopf. „Du wirst niemals pünktlich sein. Das gehört zu deinem Charakter.“ „Falsch“, sagte er und hob den Zeigefinger wie ein Dozent. „Das gehört zu meinem *künstlerischen Chaos*.“ Sarahs Stimme kam leise, aber genau im richtigen Moment: „Du bist Mechaniker-Lehrling, kein Künstler.“ Julian musste grinsen. Er mochte Sarahs Art. Sie war nicht laut – aber wenn sie etwas sagte, saß es. Kein großes Drama, nur ein kleiner Stich Humor, der genau traf. Am Hauptplatz angekommen, sahen sie den „Star des Tages“ sofort. Der Mülleimer stand noch da – schwarz angekokelt, an einer Seite etwas verformt, als hätte ihn jemand mit zu viel Selbstvertrauen und zu wenig Geduld bearbeitet. Rundherum war längst wieder Alltag: Kinder liefen herum, Leute saßen auf Bänken, irgendwo klirrte Geschirr, und die Sonne stand noch angenehm hoch, warm genug, dass man den Tag nicht loslassen wollte. „Da ist er“, meinte Sabrina feierlich. „Der Star des Tages.“ „Der Held ist aber eigentlich die Kellnerin“, sagte Julia und deutete zum Café. „Die hat schneller reagiert als die ganze

Feuerwehr.“ Sebastian legte die Hand dramatisch aufs Herz. „Autsch. Das tut in der Seele weh.“ Sarah schmunzelte. „Komm. Du kannst ja nachher ein Autogramm von ihr holen. Oder willst du noch ein Selfie mit dem Star des Tages machen?“ „Haha. Sehr lustig, Sarah“, murmelte Sebastian, aber man hörte an seiner Stimme, dass er es *eigentlich* auch witzig fand. Sie gingen weiter zum Eissalon, und Julian dachte kurz daran, wie absurd das war: Vorhin noch Hausalarm, Fahrzeuge raus, Motoren, Hektik – und jetzt standen sie hier zwischen Kinderwagen und Spaziergängern und diskutierten Eissorten, als wäre nichts gewesen. Vor der Theke brauchten sie fast länger als bei einem Einsatz. „Ich nehm Erdbeer-Schoko.“ „Nein, warte, doch lieber Keks.“ „Gibt’s noch Mango?“ „Wer nimmt Stracciatella, damit wir tauschen können?“ Julian stand einen Moment einfach nur da, hörte zu und merkte, wie ihm dieses Chaos plötzlich gar nicht mehr unangenehm war. Es war… normal. Lebendig. Am Ende saßen sie an einem großen Tisch draußen. Jeder mit einem Becher oder einem Stanitzel, Sonne auf den Unterarmen, Stimmen durcheinander. Julian hatte sich nach langem Zögern für Vanille und Haselnuss entschieden – eine Entscheidung, die sich in seinem Kopf ungefähr so anfühlte wie „Hydraulikdruck über sechshundert Bar: bitte nichts falsch machen“. „Sehr mutig“, kommentierte Sebastian trocken. „Die gefährliche Kombination: Vanille und Nuss.“ „Immerhin bin ich heute schon zum ersten Mal fast von einem Verteiler erschlagen worden“, gab Julian zurück – und zu seiner eigenen Überraschung klang er dabei nicht mehr wie jemand, der sich entschuldigt, dass er überhaupt redet. Einen Moment lang war es still am Tisch. Julia blinzelte. „Warte… was bitte? *Fast erschlagen?*“ Sarah hob die Augenbrauen. „Von einem… Verteiler?“ Sabrina lehnte sich sofort vor, Eisbecher in der Hand wie ein Mikrofon. „Okay, stopp. Diese Geschichte will ich jetzt hören.“ Julian wurde ein bisschen rot. „Es war… nicht so dramatisch, wie's klingt.“ „Das sagen alle, die knapp überlebt haben“, meinte Sebastian trocken. „Erzähl.“ Julian räusperte sich und zeigte mit dem Löffel in Richtung Feuerwehrhaus. „Wir waren beim HLF und Dominic wollte den Verteiler wieder aus der Halterung nehmen, um mir die Anschlüsse zu erklären. Nur… die Verriegelung hat geklemmt.“ „Aha“, machte Sarah, und man hörte, dass sie sich das schon bildlich vorstellt. Julian fuhr fort: „Dominic hat ein bisschen stärker gezogen, und dann hat's auf einmal *ruck* gemacht – und das Ding kam schneller raus, als irgendwer wollte. Ich bin instinktiv zurückgezuckt. Es hat nicht viel gefehlt.“ Sabrinas Augen wurden groß. „Bitte sag mir, du hast dabei wenigstens heroisch ausgesehen.“ „Heroisch?“, Julian schnaubte. „Ich hab eher ausgesehen wie jemand, der gelernt hat, dass Metall sehr schnell schmerzhaft sein kann.“ Sebastian grinste breit. „Also quasi: Feuerwehr-Startpaket – inklusive Beinahe-Kopftreffer.“ Julia schüttelte den Kopf, halb amüsiert, halb entsetzt. „Und du sagst das so nebenbei, als wär's ein Wetterbericht.“ „Ich wollt's eh nicht übertreiben“, murmelte Julian. „Übertreiben?“, Sabrina zeigte mit dem Löffel auf ihn. „Julian. Das war ein Zeichen. Der Verteiler wollte dich prüfen.“ Sarah lächelte leise. „Oder er wollte nur sagen: ‘Willkommen. Ab jetzt schaust du, wo du stehst.’“ Sebastian beugte sich vor. „Und was hat Dominic gemacht? Bitte sag mir, er hat sich wenigstens entschuldigt.“ „Hat er“, sagte Julian schnell. „Sofort. Und er hat gleich gemeint, er schreibt Patrick, weil die Verriegelung nachgeschmiert gehört.“ „Das ist wenigstens typisch Dominic“, meinte Julia – und grinste jetzt. „Er bringt dich fast um und denkt dann als Erstes an Wartung.“ Sabrina lachte. „Effizient.“ Sebastian hob den Eisbecher. „Dann ist ja alles gut. Ich hätte es übrigens gefeiert, wenn du dich heldenhaft mit einem Eisbecher verteidigt hättest.“ Julian zeigte auf seinen Becher. „Mit Vanille-Haselnuss? Das wär ein sehr würdevoller Abgang gewesen.“ Alle lachten, und die Spannung war weg – aber dieses kleine Funkeln blieb in Julians Bauch: Nicht nur, weil es witzig war. Sondern weil er merkte, wie schnell sich so ein „Vorfall“ in etwas verwandelte, das man gemeinsam erzählt. Wie eine Erinnerung, die plötzlich nicht mehr nur ihm gehörte. Julian lachte – und genau da tauchten Dominic und Leon auf. Sie kamen zu Fuß über den Platz, als wären sie einfach kurz weg gewesen und nicht aus einem Einsatz eingerückt. Leon wirkte wie immer ruhig und stabil, die Art Mensch, bei dem man automatisch glaubt, dass er sogar beim Stolpern noch sauber landet. Dominic dagegen war aufmerksam, schnell im Blick, und sobald er Julia sah, wurde er einen Hauch… unruhiger. Nichts Auffälliges. Nur dieses feine „Ich weiß nicht wohin mit den Händen", dass man nur bei Leuten bemerkt, die sich mehr Gedanken machen, als sie zugeben würden. Julian sah das – und musste innerlich schmunzeln. Dominic setzte sich dazu, zufällig genau so, dass Julia neben ihm Platz hatte. Leon nahm sich einen Stuhl, als hätte er ihn nicht gezogen, sondern einfach *hingestellt*, und nickte in die Runde. „Habt ihr den Mistkübel schon begrüßt?", fragte Dominic. „Natürlich", sagte Sabrina. „Er war sehr emotional." „Und Sebastian wollte ihn treten", ergänzte Sarah. „Ich wollte *offiziell genehmigt* treten", korrigierte Sebastian empört. Dominic lachte kurz, dann wurde es – ohne dass es jemand geplant hätte – ruhiger am Tisch. Nicht still, eher so, als würde man nach dem ersten Gelächter merken: Okay, jetzt reden wir wirklich miteinander. Sabrina lehnte sich im Stuhl zurück und sah zu Julian. „Also, Julian", begann sie, „jetzt, wo du offiziell unser Neuling bist – was machst du eigentlich so? Schule, Arbeit, irgendwas Spannendes?" Julian zögerte kurz. Er war es nicht gewohnt, dass Leute wirklich *ehrlich* interessiert sind. Dann antwortete er: „Ich geh in die HTL. Maschinenbau und Automatisierungstechnik." Er grinste schief. „Ich mag alles, was mit Technik zu tun hat. Zuhause zerlege ich alles, was sich bewegt – oder sich bewegen sollte." „Das passt perfekt zur Feuerwehr", meinte Leon. „Pumpen, Aggregate, Fahrzeugtechnik… da kannst du irgendwann richtig viel beitragen." „Ja", sagte Julian und dachte sofort wieder an das HLF, an die Anzeigen, die Geräteräume, die Logik dahinter. „Beim HLF hab ich mir kurz gedacht, ich sitze im Cockpit von einem Raumschiff." Sebastian grinste. „Warte, bis du unsere ganzen Gerätschaften wirklich kennst. Dann bist du endgültig im Universum unterwegs." „Und du?", fragte Julian zurück. „Mechaniker, oder?" Sebastian nickte. „Lehrling in einer Werkstatt. Ich schraub den ganzen Tag an Autos herum. Und wenn ich mal groß bin, sorg ich dafür, dass bei der Feuerwehr kein Fahrzeug mehr wegen einem Blödsinn ausfällt." „Das ist echt praktisch", meinte Sarah leise. „Ein Mechaniker in der Feuerwehr ist wie ein Joker." Sie grinste schief. „Aber dafür musst du halt auch mal pünktlich kommen – und nicht erst, wenn das Feuerwehrauto schon halb in der Schrottpresse steht." Gelächter. Sabrina warf Sebastian einen Blick zu, der irgendwo zwischen Genervt und Stolz hing. „Ja, aber mal ernsthaft… manchmal kann er sogar mehr, als er zugibt." Sebastian tat so, als hätte er es nicht gehört – aber dieses kleine, zufriedene Grinsen verriet ihn. Julia übernahm das Wort, als würde sie gerade eine Liste abhaken. „Damit Julian den Überblick hat: Ich bin Julia. Lehre als Bürokauffrau in einer größeren Firma. Viel Papierkram, viel Telefon – und viele

Leute, die glauben, ich wäre ihre persönliche Assistentin." „Und sie redet ungefähr so viel, wie sie telefoniert", warf Dominic ein. Und bereute den Satz im selben Moment. Julia sah ihn an, halb beleidigt, halb amüsiert. „Willst du was sagen, Dominic?" Dominic wurde leicht rot. „Äh... nein... also ja... ich mein nur... du bist gut im Reden. Und das ist... also... wichtig... im Büro... und so..." Sabrina schnaubte vor Lachen, Sebastian hielt sich dramatisch den Bauch, und selbst Leon schmunzelte. Sarah setzte nach, als wäre es völlig normal, dass sie jetzt auch „dran" ist: „Ich geh noch in die HAK. Rechnungswesen, Wirtschaft, Sprachen. Ist manchmal trocken, aber..." Sie sah kurz zu Julian. „...eigentlich ganz spannend, wenn man gern denkt." Julian lächelte. „Klingt anstrengend. Ich scheitere schon an Bedienungsanleitungen." „Dafür würdest du eine hydraulische Anlage verstehen, bei der ich sofort aufgeben würde", erwiderte Sarah. „Jeder hat sein Ding." Ihre Blicke trafen sich einen Moment länger als nötig. Julian spürte, wie es in seiner Brust kurz warm wurde, und nahm schnell noch einen Löffel Eis, als wäre das eine sehr wichtige Aufgabe. „Und du, Sabrina?", fragte er, ehrlich neugierig. Sabrinas Grinsen war erst da – und wurde dann etwas weicher. „Ich geh noch in die Schule, wie Sarah. Aber..." Sie zuckte mit den Schultern. „Zuhause ist es gerade nicht so super. Deshalb bin ich lieber unterwegs als daheim." Kurz wurde es still am Tisch. „Tut mir leid", sagte Julian leise. Sabrina winkte ab, aber diesmal war ihr Lächeln nicht frech, sondern warm. „Ist schon okay. Hier bei der Feuerwehr… und mit euch… ist es eh viel besser. Man denkt nicht so viel nach, wenn man beschäftigt ist.“ Sarah legte kurz eine Hand auf Sabrinas Arm. Kein großes Drama. Nur ein kleines Zeichen, das mehr sagte als Worte. Sebastian räusperte sich – und rettete wie immer die Stimmung, ohne es zu merken. „Naja… dann musst du wohl noch viel öfter mit uns abhängen. Je mehr Action, desto weniger Zeit zum Grübeln.“ „Solange du nicht wieder zu spät kommst“, stichelte Julia. „Ich komm nicht zu spät“, protestierte Sebastian. „Ich komme stilvoll verzögert.“ Gelächter – und die Stimmung wurde wieder leicht. Leon hob grinsend die Hand. „Na gut. Dann fehlen ja nur noch Dominic und ich.“ Dominic lehnte sich ein bisschen zurück, als wäre das jetzt sein offizieller Teil. „Ich bin Lehrling im Möbelhaus. Ich mag's, wenn Dinge Sinn machen, gut aufgebaut sind und ihren Platz haben.“ Er zwinkerte kurz. „Wahrscheinlich bin ich deshalb bei der Feuerwehr so zuhause. Und ja… ich geb's zu: Ich bin ein bisschen Feuerwehr-Nerd.“ „Ein bisschen?“, murmelte Sebastian. Noch mehr Gelächter. Leon zuckte lässig mit den Schultern. „Und ich hab grad meine Lehre am Bau begonnen. Viel reden ist nicht so mein Ding, aber wenn's was zu tun gibt, bin ich da.“ Er sah kurz in die Runde. „Bei der Feuerwehr passt das eh gut. Man muss nicht ständig große Reden schwingen. Man muss es einfach machen.“ Dominic nickte anerkennend. „Genau deshalb funktioniert unser

Haufen auch.“ Dann drehte Dominic den Löffel in seiner Hand und schaute Julian an – plötzlich ernsthafter, ohne streng zu sein. „Okay. Wir wissen inzwischen alle, wie du zu uns gefunden hast.“ „Unfall, Notruf, der ganze Startschuss“, bestätigte Leon. „Genau“, sagte Dominic. „Aber was mich wirklich interessiert: Was erwartest du dir eigentlich von der Feuerwehr? Was hoffst du, dass dir das hier bringt?“ Julian blinzelte kurz. Die Frage kam unerwartet – und genau deshalb traf sie. Er atmete tief ein. „Ehrlich?“, fragte er leise. Alle nickten. „Ich glaub… ich will vor allem dazugehören“, sagte Julian. „Am Unfall hab ich euch beobachtet, wie ihr zusammengearbeitet habt. Wie selbstverständlich jeder wusste, was zu tun ist.“ Er zögerte kurz und sah in die Runde. „Ihr habt gewirkt wie… wie richtig gute Freunde. Wie eine Familie.“ Er wurde leiser. „Mein bester Freund ist vor ein paar Monaten weggezogen. Seitdem war es irgendwie… still. Schule, Heim, Technikzeug – alles hat funktioniert, aber es hat sich nicht lebendig angefühlt. Ich war viel allein.“ Ein paar Sekunden lang sagte niemand etwas, und Julian merkte, dass ihm das nicht unangenehm war. „Bei euch hatte ich zum ersten Mal seit Langem wieder das Gefühl, dass ich Teil von etwas sein könnte, das wirklich Sinn macht“, fuhr er fort. „Nicht nur zuschauen. Irgendwann auch mithelfen. So, dass man sich auf mich verlassen kann.“ Sabrina lächelte. Sarah nickte leise. Julia sah ihn offen an, als würde sie denken: *Okay. Der meint das ernst.* „Okay“, sagte

Dominic schließlich. „Das ist eine verdammt gute Antwort.“ Leon grinste. „Und eine, die man dir auch glaubt.“ Julian musste lachen, ein bisschen erleichtert. „Gut. Dann hab ich ja schon mal den ersten Test bestanden.“ „Oh nein“, stöhnte Sebastian theatralisch. „Der erste Test ist, ob du eine Stunde mit Dominic aushältst, wenn er über Schlauchlängen spricht.“ „Ich kann das auch zwei Stunden“, konterte Dominic sofort. Noch mehr Gelächter. Und dann – als wäre es der logischste nächste Schritt der Welt – meinte Julia: „Wir sollten eine Gruppe machen.“ „Wie, eine WhatsApp-Gruppe?“, fragte Sebastian. „Ja“, sagte sie. „Nur für uns sieben. Feuerwehr, Lernen, Treffen, Eis… alles.“ „Gute Idee“, meinte Dominic. „Brauchen nur noch einen Namen.“ „Feuer & Freunde?“, schlug Sabrina vor. „Tank-1-Crew?“, kam es von Sebastian. Sarah sagte leise: „Feuer & Mut.“ Sie verstummte kurz, als hätte sie selbst gemerkt, wie gut es passt, und sah zu Julian. Julian lächelte. Der Name fühlte sich nicht nach „cool“ an – sondern nach richtig. „Feuer & Mut“, wiederholte Dominic langsam. „Ich find’s gut.“ Er drehte den leeren Eisbecher in der Hand, als würde er dabei denken. „Feuer passt nicht nur, weil wir Feuerwehr sind“, sagte er dann. „Sondern weil da dieses Feuer in uns ist – dieses Ding, das uns antreibt. Und Mut… den brauchst du nicht nur im Einsatz. Sondern überall. In der Schule. Daheim. Im Leben.“ Leon nickte einfach. „Passt.“ Und wenn Leon „passt“ sagte, war es beschlossen. Sie holten die Handys raus, tauschten Nummern, tippten, lachten über Profilbilder, und Julian merkte, wie groß sich so etwas Kleines plötzlich anfühlen kann. Eine Chatgruppe. Ein Name. Ein Platz. Als sie später nach und nach aufstanden und sich trennten, blieb Julian einen Moment am Rand des Platzes stehen und sah zurück: auf den Eissalon, den angekokelten Mülleimer, das Café mit der wahrscheinlich legendären Kellnerin. Er dachte daran, dass Milo daheim bestimmt schon an der Tür warten würde – sein kleiner schwarzer Cocker Spaniel, Schlappohren, Kopf schief, Schwanz wie ein Propeller, als würde er fragen: *Na? Wo warst du so lang?* Julian grinste, steckte das Handy ein und machte sich auf den Heimweg. Nicht mehr mit diesem „Ich geh halt heim"-Gefühl. Sondern mit dem sicheren Gedanken: Heute war ein Anfang.

Kapitel 13

Feuer & Mut im Freibad

Julian wurde von einem leisen „Bimm-bimm… bimm-bimm…“ geweckt. Verschlafen tastete er nach seinem Handy am Nachtkasten und blinzelte aufs Display. 9 neue Nachrichten – „Feuer & Mut“. Er musste grinsen. *Na super. Das geht ja gut los.* Kaum hatte er entsperrt, prasselten die nächsten Nachrichten herein.

Sebastian: *„Guten Mooorgen, ihr Löschzwerge. Wer hat Bock heute was zu machen?“*

Sabrina: *„Morgen! Ich! Auf keinen Fall daheim hocken.“*

Julia: *„Ich auch, es soll voll schön und warm werden heute.“*

Dominic: *„Laut Wetterbericht 27 Grad. Perfektes Draußen-Wetter.“*

Sarah: *„Vielleicht was am Fluss? Oder irgendwo hin radeln?“*

Leon: *„Hauptsache nicht drinnen.“*

Julian rieb sich die Augen, setzte sich auf und tippte vorsichtig mit: *„Morgen zusammen! Klingt gut. Irgendwelche Ideen?“*

Die Antwort kam, natürlich, von Sebastian: *„Ich sag nur ein Wort: Freibad!!“*

Sabrina schickte sofort drei Feuer-Emojis und einen Daumen nach oben.

Julia schrieb: *„Bin dabei! Ich hab eh schon ewig Lust aufs Schwimmen.“*
Sarah meldete sich wie immer ein wenig zurückhaltender: *„Wenn ihr alle geht… komm ich auch mit.“*
Leon: *„Passt!“*
Dominic: *„Ich muss nur daheim sagen, dass ich unterwegs bin. Treffpunkt?“*
Es folgte eine kurze Diskussion über Uhrzeit und Treffpunkt, garniert mit Sebastians völlig unnötigen, aber irgendwie perfekten Kommentaren. Am Ende stand fest: 13:00 Uhr beim Eingang vom Freibad. Alle sieben. Julian legte das Handy weg und grinste in sein Kissen. *Mein erster richtiger Tag mit ihnen außerhalb der Feuerwehr… das wird interessant.* Der Vormittag verging mit Frühstück, Tasche packen und einer Diskussion mit der Oma, ob Sonnencreme wirklich „so wichtig“ sei. Sie war der Meinung: ja. Und sie gewann natürlich. „Du willst ja nicht aussehen wie ein verbrannter Feuerwehrhelm“, erklärte sie streng und drückte ihm die Tube in die Hand. Kurz vor eins schwang Julian sich aufs Rad. Je näher er dem Freibad kam, desto mehr Menschen waren unterwegs: Kinder mit Schwimmreifen, Jugendliche mit Handtüchern über der Schulter, Eltern mit Taschen, die aussahen, als würden sie darin ein kleines Zeltlager transportieren. Vor dem Eingang warteten schon Leon und Dominic, die Räder lässig angelehnt, beide in Shorts und T-Shirt. „Na, da ist ja unser Maschinenbau-Held“, begrüßte ihn Dominic.

Leon deutete trocken auf die Tube, die aus Julians Tasche ragte. „Mit Sonnencreme bewaffnet.“ „Ich hab eine sehr strenge Oma“, verteidigte sich Julian. Kurz darauf tauchten auch die Mädchen auf. Julia und Sabrina in leichten Sommerkleidern über ihren Badesachen, Sarah in Shorts und lockerem Shirt, die Haare zum Zopf gebunden. Sie wirkte ruhiger als die anderen, aber auf eine Art, die nicht verschwand – eher so, als würde sie genau wissen, wann sie reden musste und wann nicht. Und dann, natürlich, kam Sebastian als Letzter. „Ich nenn das nicht zu spät“, erklärte er feierlich, „ich nenn das stylisches Erscheinen.“ „Du nennst alles stylisch, was du nicht pünktlich hinbekommst“, konterte Sabrina. Sie lachten, bezahlten den Eintritt und gingen durch das Drehkreuz. Drinnen schlug ihnen dieser typische Freibad-Mix entgegen: Chlor, Sonnencreme und Pommes. Kinder kreischten, irgendwo plärrte Musik aus einem Lautsprecher, und ein Ball flog so knapp an Julians Kopf vorbei, dass er instinktiv auswich. „Ich liebe diesen Ort“, verkündete Sebastian und breitete die Arme aus. „Hier passieren Legenden.“ „Oder peinliche Bauchplatscher“, ergänzte Julia. Sie suchten sich eine freie Wiese in Beckennähe und breiteten ihre Handtücher aus. Die Mädchen verschwanden kurz zum Umziehen, die Jungs zogen T-Shirts und Schuhe aus. Julian merkte, dass sich eine alte Unsicherheit meldete. Er war nicht der sportlichste Typ, nicht der Lauteste, nicht der, der im Freibad automatisch glänzte. Neben Sebastian, der aussah, als könnte er genauso gut direkt von einem Fußballplatz kommen, und Leon, der selbst in Badeshorts irgendwie geschniegelt wirkte, fühlte er sich kurz… zu normal. „Du schaust aus, als müsstest du gleich zur Mathe-Schularbeit“, stellte Dominic fest. Julian lachte. „Ich bin halt nicht so der Freibad-Profi.“ „Mach dir keinen Kopf“, meinte Leon ruhig. „Hier schaut jeder nach fünf Minuten gleich aus: nass.“ Das half überraschend gut. Julian atmete einmal durch, lockerte die Schultern – und genau in dem Moment gingen die Türen der Umkleiden wieder auf. Als die Mädchen zurückkamen, wurde die Stimmung sofort lauter. Man sah’s ihnen schon an, noch bevor sie was sagten: Umziehen war erledigt, jetzt war Sommer. Julia kam vorneweg, das Handtuch lässig über eine Schulter geworfen, die Haare noch schnell mit einem Gummi zusammengebunden, als hätte sie das in zehn Sekunden geschafft. Ihr Badezeug war schlicht und praktisch – nichts Übertriebenes, eher so „passt, hält, los geht’s“ – und genau das passte zu ihr. Neben ihr war Sabrina wie ein kleiner Farbtupfer. Sie hatte ein gemustertes Teil an, knallige Flip-Flops und eine Sonnenbrille, die sie kurz hochschob, nur um Julian mit einem Grinsen zu mustern, als würde sie gleich den nächsten Spruch raushauen. Sie roch schon nach Sonnencreme, und in ihrer Mimik lag dieses „Heute wird’s gut, egal was du sagst“. Sarah kam als Letzte, ein bisschen ruhiger, aber nicht weniger bereit. Ihr Handtuch hielt sie ordentlich gefaltet unter dem Arm, vom Duschen waren Ihre Haare noch leicht feucht am Ansatz, als hätte sie sie nur kurz abgetrocknet. Ihr Badezeug war eher in unauffälligen Farben, schlicht, sauber – genau wie ihr Lächeln: leise, aber ehrlich. Sie sah Julian kurz an, nur einen Moment, und dieses kleine Lächeln blieb wie ein warmer Punkt hängen, bevor sie den Blick wieder wegdrehte. „So", sagte Julia und klatschte einmal in die Hände. „Wer geht als Erstes rein?" „Julian", meinte Sabrina sofort. „Der schaut eh so, als würd er gleich wieder umdrehen." „Ich hab's gehört", murmelte Julian – aber er musste selber grinsen. Und doch ertappte Julian sich dabei, dass sein Blick immer wieder zu Sarah wanderte. Vielleicht wegen dieses ehrlichen Lächelns, das nicht um Aufmerksamkeit kämpfte, sondern einfach da war. „So", sagte Sebastian, „wer ist für eine Runde Rutsche?" Sabrina riss die Hand hoch. „Ich!" Julia war sofort dabei, Leon ebenso. Dominic seufzte gespielt. „Na gut. Ihr macht sonst wieder Blödsinn." Sarah sah zu Julian. „Und du?" „Ja klar", sagte er. „Warum nicht?" Die Rutsche war lang, leicht kurvig, mit eigenem Becken. Die Schlange war nicht kurz, aber sie hatten genug zu lachen, um das kaum zu merken. „Plan für heute", sagte Sebastian verschwörerisch. „Wir müssen mindestens eine Sache machen, die uns *fast* Ärger einbringt." „Nichts Gefährliches", warnte Leon. „Ja, ja", winkte Sebastian ab. „Ich meine nur… kreative Nutzung der Rutsche." Sabrina grinste. „Du meinst, wir ignorieren das Schild ‚Nur einzeln rutschen'?" „Ich sag nicht nein.“ Julia schüttelte lachend den Kopf. „Ich seh uns schon vom Bademeister in Grund und Boden gestampft werden.“ „Du redest ihn so lange zu, bis er uns wieder reinlässt“, meinte Dominic. „Frech.“ Die ersten Runden machten sie sogar regelkonform. Fast brav. Fast. Julian spürte, wie seine Unsicherheit langsam wegschwamm. Das kalte Wasser, das Lachen der anderen, dieses kurze Schwerelosigkeitsgefühl in der Kurve – es war leicht. Und gut. „Okay“, beschloss Sebastian schließlich. „Jetzt machen wir einen Menschen-Zug.“ „Das ist keine gute Idee“, sagte Leon, klang aber mehr resigniert als wirklich überzeugt. Sabrina war sofort begeistert. Sarah sah zu Julian und murmelte leise: „Wenn du mitmachst, mach ich auch mit.“ Julian grinste. „Na dann.“ Sie stellten sich in Reihenfolge auf, quetschten sich zusammen, Hände an Schultern und Hüften, ein kleines Chaos aus Lachen und Nervenkitzel. Der Bademeister unten schaute gerade weg. „Drei… zwei… eins… LOS!“, rief Sebastian. Der Zug schoss los. Sie kreischten, lachten, rutschten viel zu schnell, viel zu eng, viel zu sehr als Gruppe – und knallten am Ende mit einer riesigen Wasserfontäne ins Becken. Sekunden später lagen sie durcheinander, halb prustend, halb juchzend. „Das war…“, keuchte Julian, „…total bescheuert.“ „Aber mega!“, rief Sabrina. „Nochmal!“, jubelte Sebastian. Dann hob jemand eine Pfeife. Der Bademeister stand da. Arme verschränkt. Gesichtsausdruck: absolut null Legendenverständnis. „Ihr sieben“, sagte er ruhig, aber so deutlich, dass es keiner falsch verstehen konnte, „habt ihr die Schilder gesehen, auf denen steht: *Nur einzeln rutschen*?“ Sebastian setzte sein bestes Unschulds-Gesicht auf. „Äh… möglicherweise… nicht so bewusst… wahrgenommen?“ „Mhm.“ Der Bademeister blieb ungerührt. „Das hier ist keine Achterbahn. Wenn einer blöd stürzt, zieht er die anderen mit. Ich will sowas hier nicht sehen. Habt ihr mich verstanden?“ „Ja“, murmelten sie im Chor. „Gut. Wenn ich euch nochmal so sehe, könnt ihr eure Sachen packen. Klar?“ „Klar.“ Kaum war er weg, stieß Sabrina Sebastian an. „Na, Herr Legendenmacher, zufrieden?“ „Halber Erfolg“, grinste er. „Wir sind noch nicht draußen.“ Der Rest des Nachmittags verlief deutlich braver – zumindest im Vergleich zu vorher. Sie schwammen, spielten Ball, machten Wetttauchen. Julian gab sich Mühe, mit Sebastian mitzuhalten, was erwartbar scheiterte, aber niemand machte ihm daraus einen Stress. Irgendwann lagen sie wieder auf den Handtüchern, die Sonne warm auf der Haut, das Wasserrauschen im Hintergrund. Sarah saß neben Julian. „Und?“, fragte sie leise. „Wie fühlt sich das gerade an? Feuerwehr, neue Leute, keine ruhigen Nachmittage mehr?“ Julian dachte kurz nach. „Lauter. Voller. Chaotischer.“ Er grinste. „Aber irgendwie richtig.“ Er sah zu ihr. „Ich hab das Gefühl, ich bin endlich irgendwo angekommen.“ Sarah lächelte – dieses ruhige, ehrliche Lächeln. „Das freut mich.“ „Ist dir das nicht manchmal zu viel? Schule, daheim, Feuerwehr… alles?“ fragte Julian sie. Sie zuckte mit den Schultern. „Manchmal schon. Aber wenn ich bei der Feuerwehr bin oder mit euch… dann wird der Rest für ein paar Stunden leiser.“ Sie sah ihn kurz an. „Und das ist ziemlich viel wert.“ Julian nickte. Mehr brauchte es gerade nicht. Später, als sie wieder zur Rutsche gingen, konnte Sebastians Gehirn leider nicht auf „Entwarnung“ schalten. „Nur zu zweit“, argumentierte er und klopfte Julian dabei auf die Schulter, als wäre das jetzt eine wissenschaftlich geprüfte Sicherheitsregel. „Ganz harmlos.“ Julian hob skeptisch eine Augenbraue. „Das hast du vorhin auch gesagt.“ „Vorhin“, meinte Sebastian großspurig, „waren wir… kreativ. Jetzt sind wir… kontrolliert.“ Sabrina prustete. „Sebastian, du bist das Gegenteil von kontrolliert.“ Sie stellten sich wieder an. Die Sonne stand noch hoch genug, dass der Beton rund um das Becken warm war, und die Rutsche glitzerte, als wäre sie extra poliert worden, nur um Sebastian zu provozieren. Julia verschränkte die Arme. Sarah stand neben ihr und beobachtete die Rutsche mit diesem Blick, der gleichzeitig „Das ist eine dumme Idee“ und „Ich will’s trotzdem sehen“ sagte. Dominic tat so, als würde er einfach nur zufällig nach oben schauen – aber Julian merkte, dass er ebenfalls gespannt war. Sebastian ging ganz nach vorne. Viel zu selbstbewusst. Viel zu breit grinsend. „Pass auf“, sagte er leise – und hielt dann, als wäre das das Normalste der Welt, oben den Wasserstrahl kurz mit dem Fuß „auf“. Nicht lang. Nur so, dass sich ein kleiner Schwall in der Rutsche sammelte. Wie ein Mini-Stausee. Man konnte richtig sehen, wie das Wasser kurz stockte, dann zitterte, als würde es überlegen, ob es mitmachen soll. „Sebastian…“, begann Julia warnend. „Entspannung“, flüsterte er. „Physik. Wasser. Gleitet besser. Das ist quasi eine Optimierung.“ „Das ist quasi Blödsinn“, murmelte Leon, aber man hörte, dass er schon wieder grinsen musste. Dann winkte Sebastian Julian zu. „Komm. Wir machen's jetzt wie Profis. Auf drei.“ Julian hätte in diesem Moment einfach weggehen können. Wirklich. Er hätte sagen können: *Nein, danke, ich mag mein Leben.* Stattdessen stand er plötzlich neben Sebastian, half ihm das Wasser zu stauen und nickte, als wäre das die normalste Sache der Welt. „Eins…“, begann Sebastian. Sabrina hielt sich schon den Bauch vor Lachen. Dominic hob instinktiv die Hände, als wollte er sich gleich entschuldigen, falls irgendwer sie beobachtete. Sarah biss sich auf die Lippe – dieses leise Lächeln, das sie nicht verhindern konnte. „Zwei…“ Julia verdrehte die Augen so stark, dass Julian kurz dachte, sie sieht gleich ihre eigenen Gedanken. „Drei!“ Sie rutschten gleichzeitig los. Und in dem Moment, in dem sie in den „Stausee“ hineinrauschten, schoss das Wasser wie eine kleine Welle vor ihnen her. Es klatschte, spritzte, rauschte – und Julian hörte sich selbst laut auflachen, richtig laut, ohne nachzudenken. Sebastian brüllte irgendwas Unverständliches, wahrscheinlich etwas wie „WUHUU!“ oder „ICH BIN EIN GENIE!“, und unten im Auslauf platschten sie so, dass ein ordentlicher Schwall über den Rand ging. Nicht dramatisch. Aber genug. Genug, dass die Leute in der Nähe zusammenzuckten. Genug, dass ein Kind neben dem Becken begeistert klatschte. Und genug, dass sich eine ältere Dame, die vorher schon missmutig geschaut hatte, schlagartig erhob, die Hände in die Hüften stemmte und loslegte, als hätte sie jahrelang auf genau diesen Moment gewartet. „Das ist ja unerhört! Immer dieses Herumspritzen! Man kann ja nicht einmal in Ruhe hier sitzen!" Sabrina versuchte noch, ernst zu schauen – scheiterte aber sofort und kicherte los. Dominic trat einen Schritt zurück, als könnte man sich unsichtbar machen, wenn man nur schnell genug *unauffällig* wirkt. Leon hob beschwichtigend die Hände, aber es war zu spät. Der Bademeister kam dazu. Nicht gerannt. Eher… entschlossen. Sein Blick sagte alles, noch bevor er den Mund aufmachte: *Nicht ihr schon wieder.* Er schaute erst die Dame an, nickte kurz, dann sah er zu der Gruppe – zu den nassen Haaren, zu Sebastians unschuldigem Pokerface, zu Julian, der noch Wasser aus den Augen blinzelte, und zu Sabrina, die wirklich alles gab, nicht zu lachen. „So", sagte der Bademeister ruhig. Viel zu ruhig. „Jetzt reicht's. Ihr habt's euch schon einmal sagen lassen." Sebastian hob die Hände. „Aber—" „Nein." Der Bademeister blieb komplett gelassen. Das machte es schlimmer. „Bitte alle zusammen: raus aus dem Bad für heute." Keiner diskutierte. Sie wussten selbst, dass sie übertrieben hatten. Draußen bei den Radständern standen sie in einer Reihe. Für einen Moment war es still, nur das Klackern von Fahrradständern und das entfernte Platschen aus dem Becken war zu hören. Julian spürte, wie ihm das Chlor in der Nase hing, und wie sein Herz noch vom Lachen und vom Rutschen nachhüpfte. Dann begann Sabrina zu kichern. Erst leise. Dann mehr. „Wir sind…", keuchte sie, „ernsthaft aus dem Freibad geflogen." Sebastian grinste, als hätte er gerade einen Pokal gewonnen. „Das ist offiziell der beste Sommertag bisher." Julia schüttelte den Kopf, aber sie lächelte. „Wir sind unmöglich. Alle sieben." „Ja", sagte Leon ruhig, „aber wenigstens gemeinsam." Dominic sah zu Julian. „Gewöhn dich dran. Mit uns ist es selten langweilig." Julian lachte. „Ich glaub… genau das mag ich." Sie stiegen auf ihre Räder, verabschiedeten sich, winkten. Julian fuhr heim mit nassen Haaren, Chlor in der Nase, einem leichten Sonnenbrand auf den Schultern und einem breiten Grinsen im Gesicht. Vielleicht waren sie aus dem Freibad geflogen. Aber er war endgültig in eine Clique hineingerutscht, die sich schon jetzt wie seine Leute anfühlte.

Kapitel 14

Zwischen Formeln und Feuerwehrgedanken

Der Fahrtwind trocknete Julians Haare, während er mit dem Rad nach Hause rollte. Das Chlor klebte noch auf der Haut, seine Schultern prickelten von der Sonne, und trotzdem musste er grinsen. Der Tag im Freibad war anders gewesen als alles, was er in den letzten Monaten erlebt hatte – laut, chaotisch, lustig. Aber kaum bog er in seine Straße ein, meldete sich ein anderer Gedanke zurück: Dienstag. Mechanik-Test. Er seufzte. Na gut. Feuerwehr hin oder her – HTL wartet nicht. Zu Hause stellte er das Rad in den Schuppen. Kaum hatte er das Gartentor hinter sich zugezogen, hörte er schon dieses vertraute, aufgeregte Trappeln – und dann kam Milo angeschossen, als hätte er den ganzen Nachmittag nur darauf gewartet. Mit seinen riesigen Schlappohren, die bei jedem Schritt wippten, und einem Schwanz, der praktisch im Dauerbetrieb war. „Na schau, wer da ist", murmelte Julian und ging in die Hocke. Milo schoss ihm fast in die Arme, schnupperte an Julians nassen Haaren, als würde er ernsthaft überprüfen wollen, ob Chlor gefährlich ist, und legte dann den Kopf schief – dieser Blick, der gleichzeitig fragte: *Wo warst du?* und *Gehst du gleich wieder?* „Nein", sagte Julian leise, als hätte Milo wirklich nachgefragt.

„Heute bleib ich da.“ Milo stupste seine Hand mit der Nase an, ließ sich kurz kraulen, machte dann eine halbe Drehung und trabte voraus Richtung Haustür, als wäre er derjenige, der den Ablauf bestimmt. Julian grinste noch einmal, zog die Badehose aus, sprang schnell unter die Dusche und fühlte, wie das Chlor und der halbe Sommertag den Abfluss hinunterrannen. Milo wartete vor der Badezimmertür – nicht jammernd, eher wachsam – und jedes Mal, wenn Julian den Duschvorhang bewegte, hörte er ein leises „Tap-tap“ von Pfoten auf dem Flur. Danach warf Julian sich in eine Jogginghose und ein altes T-Shirt, schnappte sich seinen Mechanik-Ordner und setzte sich an den Schreibtisch. Milo sprang auf sein Kissen in der Ecke, drehte sich zweimal im Kreis, ließ sich fallen – und blieb trotzdem mit einem Auge offen, als müsste er sicherstellen, dass Julian nicht wieder verschwindet. Auf dem Deckblatt stand groß: Mechanik – Kräfte, Momente, Gleichgewicht. Julian blätterte durch die Beispiele. Freikörperbilder, Kraftpfeile, Lagerreaktionen. Er atmete tief durch. „Okay. Konzentration.“ Milo machte ein zufriedenes Geräusch, so ein kurzes, brummendes „Hm“, und Julian musste kurz lachen, weil es klang, als würde sein Hund ihn ernsthaft anfeuern. Während er die erste Aufgabe anschaute, schoss ihm ein Gedanke durch den Kopf: Eigentlich ist das alles gar nicht so weit weg von der Feuerwehr. Er stellte sich vor, wie ein Fahrzeug mit Stützen gesichert wurde, wie ein Gerüst belastet war, wie ein Autowrack mit dem

Spreizer bewegt wurde – überall wirkten Kräfte. Druck, Zug, Momente. *Wenn ich das hier besser verstehe, verstehe ich auch irgendwann besser, warum der Spreizer kippen kann oder warum man Stützen genau so und nicht anders setzt*, dachte er. Der Gedanke motivierte ihn mehr, als er erwartet hätte. Der Sonntagabend verging mit Rechnen, Zeichnen, Radiergummi-Krümeln und gelegentlichem Blick aufs Handy. Die „Feuer & Mut“-Gruppe war erstaunlich ruhig. Anscheinend waren die anderen genauso müde wie er oder ebenso mit ihrem eigenen Zeug beschäftigt. Nur einmal vibrierte das Handy. Sebastian: *„Ich hab Chlor in der Nase, in den Augen und in der Seele. Aber geiler Tag. Das wiederholen wir!“* Ein paar lachende Emojis, ein Herz von Sabrina, ein *„Definitiv“* von Julia, ein „Daumen Hoch“ von Leon und ein *„Gute Nacht“* von Sarah folgten. Julian schrieb noch ein kurzes *„War super mit euch.“* dann legte er das Handy bewusst weg und tauchte wieder in seine Mechanik-Welt ein. Der Montag verging wie im Flug. In der Schule war es wie immer – laut, voll, ein bisschen chaotisch, aber mit einem gewissen Rhythmus, an den er sich gewöhnt hatte. In Konstruktion zeichnete er eine Halterung, während der Lehrer erklärte, wo bei Bauteilen Spannungsspitzen entstehen konnten. In Fachtheorie ging es um Werkstoffe – Stahl, Aluminium, Kunststoffe – ihre Eigenschaften, Belastbarkeit und Verhalten bei Hitze. *Stahlträger, Fahrzeugrahmen, Leitern, Gerätekästen...*, dachte

Julian. Überall tauchten plötzlich Bilder von Feuerwehrfahrzeugen in seinem Kopf auf. Während der Lehrer von Zugfestigkeit sprach, stellte er sich vor, wie ein Stahlseil bei einer Seilwinde belastet wurde. Als es um Materialermüdung ging, dachte er an alte Leitern und warum sie regelmäßig überprüft werden mussten. Bei einem Beispiel über Lastverteilung dachte er an die Stützen eines Feuerwehrkrans und daran, wie wichtig es war, den Untergrund zu kennen. Immer wieder ertappte er sich dabei, wie seine Gedanken von den Heften vor ihm zu Blaulicht, roten Fahrzeugen und seinen neuen Freunden abschweiften. In der Pause lehnte er sich mit seinem Jausenbrot an einen Pfeiler im Schulhof und starrte auf seinen Stundenplan. *Mechanik. Wenn ich das packe, hab ich nicht nur bessere Noten, sondern checke auch irgendwann viel mehr bei der Feuerwehr*, dachte er. Und nebenbei wollte er nicht als der „schwache Schüler“ rüberkommen. Weder daheim, noch bei der Clique. Sein Handy vibrierte kurz. „Feuer & Mut“.
Sabrina: *„Ich hab heute null Bock auf Schule. Fühlt sich an wie nach dem Urlaub.“*
Julia: *„Das WAR Urlaub gestern!“*
Sebastian: *„Bin geistig noch auf der Rutsche.“*
Sarah: *„Ich hab morgen einen Englisch-Test. Julian, du hast Mechanik, oder?“*
Julian tippte: *„Ja, morgen. Bin seit gestern am Lernen. Wenn ich das versaue, bringt mich meine Oma persönlich um.“*

Dominic: *„Mechanik ist wichtig. Kräfte, Hebel, Lasten – brauchst du später überall. Auch bei uns.“*
Leon: *„Genau. Das ist mehr Feuerwehr, als du jetzt glaubst.“*
Julian spürte, wie ihn diese Bestätigung irgendwie pushte. *Okay. Dann lern ich das nicht nur für die Schule. Ich lern's auch für die Feuerwehr.*
Am Montagabend saß er wieder am Schreibtisch. Die Aufgaben liefen besser, die Skizzen wurden sauberer, und er erwischte sich sogar dabei, wie er kurz Spaß daran hatte, ein komplizierteres Beispiel zu lösen. Zwischendurch blickte er zum Fenster hinaus. Der Himmel war inzwischen dunkelblau, irgendwo in der Ferne hörte er das leise Heulen einer Sirene. Er erstarrte kurz. *Ob das... unsere Feuerwehr ist?* Das Bild von Dominic, Leon, Julia, Sarah, Sabrina und Sebastian tauchte in seinem Kopf auf. Sie in Einsatzbekleidung, er noch im Zimmer, zwischen Lineal und Taschenrechner. Es stach kurz. Ein kleiner Stich aus Sehnsucht und Ungeduld. Aber dann dachte er an die Worte von Patrick: „Wenn du später einmal mitfährst, bist du Teil der Mannschaft. Und die verlässt sich darauf, dass alles passt.“ Julian atmete tief durch und senkte den Blick wieder auf seine Hefte. *Dann muss ich jetzt dafür sorgen, dass ich passe*, dachte er. Er beendete noch ein Beispiel, strich ein paar wichtige Formeln mit Textmarker an und klappte schließlich das Heft zu. „So“, murmelte er. „Mehr geht heute nicht.“ Am Dienstag in der Früh fühlte sich alles ein Stück ernster an. Mechanik-Tag.

Er saß in der Klasse, Stifte zurechtgelegt, Taschenrechner bereit. Der Lehrer verteilte die Angabe, und für einen Moment wurde es still. Julian las die erste Aufgabe – Kräftezerlegung an einer schrägen Ebene. *Das hatten wir. Das kann ich.* Er atmete tief durch und begann zu zeichnen. Kraftpfeile, Winkel, Sinus, Cosinus. Seine Hand bewegte sich fast von alleine, geführt von den Stunden, die er seit Sonntag gelernt hatte. Bei einer Aufgabe über Momente und Hebelarme musste er unwillkürlich an einen Spreizer denken, der an einem Autowrack ansetzte. *Wenn du weiter außen ansetzt, hast du mehr Moment…* Er musste kurz lächeln. Mechanik und Feuerwehr – zwei Welten, die sich plötzlich berührten. Als der Lehrer schließlich „Zeit ist um“ sagte, legte Julian den Stift weg. Er war sich nicht sicher, ob alles perfekt war, aber zum ersten Mal seit langem hatte er nicht das Gefühl, völlig überfordert gewesen zu sein. In der Pause sah er auf sein Handy.

Sarah: *„Und? Wie war Mechanik?“*

Julian: *„Besser als gedacht. Danke, dass ihr mich motiviert habt!“*

Sebastian: *„Na siehst. Unser Maschinenbau-Bua wird noch gefährlich schlau.“*

Dominic: *„Gut gemacht. Je mehr du verstehst, desto besser wirst du später bei Einsätzen mitdenken können.“*

Julian las die Nachrichten und spürte, wie seine Brust sich warm anfühlte. Er war zwar physisch in der

Schule, mitten im Alltag, zwischen Mechanik und Mathe – aber innerlich war er längst mit einem Fuß im Feuerwehrhaus. Und er wusste: Das, was er hier lernte, würde nicht nur für Noten gut sein. Es war der Anfang von etwas Größerem. Am Nachmittag, als er daheim war und kurz Pause machte, vibrierte sein Handy wieder.

„Feuer & Mut", Dominic: *„Na, Mechanik-Genie – heute Abend schon was vor? Wir könnten uns im Feuerwehrhaus treffen und ein bisschen was durchgehen. Fahrzeuge, Gerätekunde, vielleicht nochmal Schläuche & Verteiler."*

Julia: *„Ich bin dabei!"*

Sabrina: *„Ich auch. Besser Feuerwehr als daheim rumhängen."*

Sarah: *„Wenn wir so gegen 18:00 sagen, schaff ich davor noch lernen für Englisch."*

Leon: *„Passt für mich."*

Julian tippte: *„Klingt super. Ich komm auch! Dann kann ich gleich schauen, ob ich die Mechanik-Sachen im Kopf mit den Geräten verbinden kann."*

Nach ein paar Sekunden kam die Antwort, auf die Julian schon fast gewartet hatte.

Sebastian: *„Heute leider raus. Hab Fußballtraining. Trainer dreht durch, wenn ich fehle."*

Sabrina: *„Na gut, der Profifußballer halt!"*

Sebastian: *„Jemand muss ja später Millionär werden und eure Einsatzfahrzeuge sponsern...."*

Dominic: *„Passt, dann sind wir heute zu sechst. Julian, wir zeigen dir noch ein paar Sachen, dann bist*

du wieder einen Schritt näher an deinem ersten Einsatz.“
Julian legte das Handy zur Seite, und ein zufriedenes Gefühl machte sich in ihm breit. Mechanik-Test geschafft, am Abend Feuerwehr-Lernen mit den anderen. Sein Leben begann langsam, sich genau in die Richtung zu bewegen, die sich für ihn richtig anfühlte.

Kapitel 15

Nicht jeder Feuerlöscher ist gleich

Es war kurz vor sechs, als Julian mit seinem Rad vor dem Feuerwehrhaus ankam. Die großen Tore zur Fahrzeughalle waren geschlossen, aber durch die Fenster sah er Licht. Er schob das Rad an die Seite, öffnete die Seitentür und trat hinein. Drinnen begegnete ihm sofort dieser inzwischen vertraute Geruch: Gummi, Metall, ein Hauch Diesel, etwas Feuchtigkeit – Feuerwehr eben. In der Fahrzeughalle standen die Fahrzeuge nebeneinander. Vor dem HLF warteten schon Dominic, Leon, Julia, Sarah und Sabrina. Sie lehnten an der Stoßstange oder saßen auf der niedrigen Trittstufe entlang des Fahrzeugs. „Na, da ist er ja“, begrüßte Dominic ihn. „Unser Mechanik-Profi.“ „Wie ist es gelaufen?“, fragte Sarah. „Ganz okay, glaub ich“, meinte Julian. „Zumindest hab ich nichts komplett gar nicht verstanden.“ Leon nickte kurz. „Das ist schon mal ein Anfang.“ „So“, meinte Julia und sprang von der Stoßstange. „Wir haben ausgemacht, dass wir heute da weitermachen, wo ihr das letzte Mal wart. Dominic und Leon sagen, du kennst schon ein bisschen was vom HLF – also machen wir jetzt eine kleine Wiederholung.“ Sabrina grinste. „Keine Sorge. Kein echter Test – nur viele Fragen.“ „Na wunderbar“, murmelte Julian, musste aber lächeln. Sie stellten sich so hin, dass Julian direkt neben dem

HLF stand, mit Blick auf die geöffneten Geräteraume. Dominic und Leon hatten schon ein paar Klappen geöffnet, damit man Schläuche, Verteiler und Strahlrohre sehen konnte. „Also“, begann Sabrina, „erste Frage: Wofür verwenden wir B-Schläuche und wofür C-Schläuche?“ Julian atmete kurz durch. „B-Schläuche sind hauptsächlich für Zubringer- oder Versorgungsleitungen – um Wasser von der Pumpe oder vom Hydranten weiterzuleiten. C-Schläuche sind die Angriffsleitungen – leichter, flexibler, direkt am Brand.“ „Sehr gut“, nickte Dominic. „Passt.“ Julia verschränkte die Arme. „Nächste Frage: Welche Durchmesser und Längen haben die Schläuche ungefähr? Also C und B, so wie wir sie hier im Fahrzeug haben.“ Julian dachte nach. „C-Schläuche können 42 oder 52 Millimeter Durchmesser haben. Unsere C42 hier haben 20 Meter Länge, ein normaler C52 hat 15 Meter. B-Schläuche haben 75 Millimeter Durchmesser und sind 20 Meter lang.“ Leon bestätigte: „Genau so.“ Sarah zeigte auf den Verteiler im Geräteraum. „Okay, dann: Was macht der Verteiler und wie ist er aufgebaut?“ Julian ging einen Schritt näher hin. „Der Verteiler nimmt das Wasser aus einer B-Leitung und teilt es auf mehrere Leitungen auf. Wir haben einen B-Eingang und dann drei Ausgänge in der Anordnung C–B–C. Die beiden C-Ausgänge sind für Angriffsleitungen. Der mittlere B-Ausgang ist da, wenn man zum Beispiel eine Zubringerleitung verlängern muss, eine B-Angriffsleitung braucht oder einen Wasserwerfer betreibt. Mit den Hähnen kannst du jede Leitung einzeln öffnen oder sperren. Und er darf nicht so liegen, dass alle drüber stolpern.“ „Sehr gut erklärt“, meinte Julia zufrieden. Sabrina trat einen Schritt weiter und tippte auf ein Hohlstrahlrohr im Geräteraum. „Letzte Wiederholungsfrage: Was ist besonders an unseren Hohlstrahlrohren?“ Julian hob das Rohr vorsichtig heraus. „Wir können die Durchflussmenge und das Sprühbild einstellen – von Vollstrahl bis Sprühstrahl. Und im Einsatz hält man das Rohr normalerweise nicht alleine, sondern zu zweit.“ Leon lächelte kurz. „Passt. Das Wichtigste hast du drinnen.“ Dominic klappte den geöffneten Geräteraum zu, ging um das HLF herum auf die gegenüberliegende Seite und öffnete dort einen anderen Geräteraum. „So“, sagte er und trat einen Schritt zur Seite. „Jetzt kommen wir zu einem Thema, das viele unterschätzen: Feuerlöscher.“ Julian trat näher und sah überrascht hinein. In dem Geräteraum standen drei verschiedene Feuerlöscher ordentlich nebeneinander in Halterungen – sie sahen ähnlich aus, waren aber leicht unterschiedlich geformt und beschriftet. „Ich hab die schon oft gesehen, aber ehrlich gesagt nie groß darüber nachgedacht“, meinte Julian. „Das geht den meisten so“, sagte Leon. „Aber als Feuerwehrler solltest du mehr wissen als nur: ‚Rot und schwer‘.“ Dominic nahm einen der Löscher vorsichtig heraus und stellte ihn auf den Boden, direkt vor den Geräteraum. Die anderen fünf stellten sich im Halbkreis dazu. „Erste Sache“, begann er.

„Feuerlöscher ist nicht gleich Feuerlöscher. Es kommt immer darauf an, was brennt.“ „Und dafür gibt es die Brandklassen“, erklärte Leon. „Die kennst du wahrscheinlich noch nicht – also fangen wir von vorne an.“ Sarah trat einen Schritt näher und zählte mit den Fingern mit, während Leon erklärte. „Brandklasse A“, begann Leon, „das sind feste, meist organische Stoffe, die unter Glutbildung brennen. Holz, Papier, Karton, Stoffe, Möbel – alles, was glüht und verkohlt.“ „Brandklasse B“, fuhr Sarah fort, „sind flüssige oder flüssig werdende Stoffe. Also Benzin, Diesel, Öl, Lacke, einige Kunststoffe.“ „Brandklasse C“, übernahm Dominic, „sind brennbare Gase – zum Beispiel Propan, Butan. Also alles, was aus Gasflaschen oder Leitungen kommen kann.“ „Brandklasse D“, sagte Leon wieder, „sind brennbare Metalle. Magnesium, Aluminiumspäne – eher selten, aber wenn, dann richtig heftig.“ Sarah zeigte noch einen fünften Finger. „Und Brandklasse F – das sind Fette und Öle in Küchen. Speiseöl, Fritteusen, Pfannen. Also alles, was beim Kochen brennen kann.“ Julian nickte langsam. „Okay… A: feste Stoffe mit Glut. B: Flüssigkeiten. C: Gase. D: Metalle. F: Fette in der Küche.“ „Genau“, sagte Dominic. „Das solltest du dir merken. Denn der Löscher muss zur Brandklasse passen.“ Julia hockte sich neben den Löscher, den Dominic aus dem Geräteraum gestellt hatte, und klopfte leicht auf das rote Metall. „So, und jetzt kommen die Löscherarten. „Was löscht man womit?“ „Ganz grob“, erklärte

Leon und deutete auf die Feuerlöscher im Geräteraum, „kommt es auf die Brandklasse an. Ein Wasserlöscher ist vor allem für Brände der Klasse A gedacht – also für feste, glühende Stoffe wie Holz, Papier oder Textilien. Dann gibt's Schaumlöscher, die man oft bei A- und B-Bränden einsetzt, weil der Schaum nicht nur kühlt, sondern auch die Oberfläche abdeckt und so den Sauerstoff fernhält. Pulverlöscher sind wieder eine eigene Kategorie: Je nach Typ können sie für A, B oder sogar C geeignet sein, also auch für brennbare Gase – deshalb sind sie ziemlich vielseitig, aber eben nicht immer überall die beste Wahl. Für Brände von elektrischen Anlagen nimmt man häufig CO_2-Löscher, weil das Kohlendioxid keine Rückstände hinterlässt, den Strom nicht leitet und den Brand erstickt. Und wenn's um brennendes Fett geht, zum Beispiel in einer Küche, braucht man spezielle Fettbrandlöscher für die Brandklasse F – weil Wasser dort richtig gefährlich werden kann." Julian runzelte die Stirn. „Und wenn man was Falsches nimmt…?" „Dann kann's richtig blöd werden", sagte Dominic. „Im harmlosen Fall löscht du schlecht. Im schlimmsten Fall machst du es schlimmer." Sarah sah ihn an. „Stell dir eine brennende Pfanne mit Öl vor", sagte sie. „Was glaubst du – ist Wasser da eine gute Idee?" Julian dachte an Physik und daran, wie sich heißes Öl verhielt. „Vermutlich… nein? Das Wasser verdampft, spritzt das Öl herum…" „Genau", nickte Leon. „Das nennt sich Fettexplosion. Das brennende Fett wird aus der Pfanne gerissen und verteilt sich im ganzen Raum. Deshalb: Nie Wasser auf Fettbrand. Dafür gibt's spezielle Fettbrandlöscher oder ganz einfach – Deckel drauf, Herd abdrehen, Abstand halten.“ Julian schluckte. „Okay. Das merk ich mir.“ Dominic deutete auf den Löscher vor ihnen. „Schau mal auf das Etikett. Da stehen auch die Brandklassen und Infos drauf. Lies mal.“ Julian beugte sich vor. „Da steht A und B… und irgendwas von Schaum…“ „Genau“, sagte Dominic. „Das ist ein Schaumlöscher – geeignet für Brandklasse A und B. Also für feste Stoffe mit Glut und für viele Flüssigkeiten.“ Leon nahm den zweiten Löscher aus dem Geräteraum, einen mit charakteristischem Horn, und stellte ihn daneben. „Das hier“, erklärte er, „ist ein CO_2-Löscher, Kohlendioxid. Wird oft bei elektrischen Anlagen verwendet und bei Brandklasse B. Vorteil: Es bleibt kein Schaum, kein Pulver übrig. Du erstickst die Flamme.“ „Aber“, ergänzte Sarah, „in sehr kleinen, schlecht belüfteten Räumen musst du aufpassen – CO_2 ist auch für Menschen gefährlich.“ Julian nickte. „Also gut überlegen, wo man den einsetzt.“ Dominic zeigte auf den dritten Löscher im Geräteraum. „Und das hier ist ein Pulverlöscher. Den kannst du – je nach Typ – für Brandklasse A, B und C einsetzen. Also für feste Stoffe, Flüssigkeiten und Gase. Sehr wirksam – aber das Pulver verteilt sich überall. In Elektrogeräten, Maschinen, Räumen. Danach hast du eine riesige Sauerei.“ „Also nicht immer erste Wahl, auch wenn er viel kann“, fasste

Julia zusammen. Sarah tippte noch einmal auf das Etikett des Schaumlöschers. „Wie erkennst du jetzt in Zukunft schnell, was du in der Hand hast?“ Julian richtete sich auf. „Ich schau mir die Brandklassen-Symbole an – A, B, C, D, F – und die kleinen Bildchen. Und ich schau, ob es Wasser, Schaum, Pulver oder CO_2 ist. Nicht nur: ‚Ist rot, wird schon passen.‘“ Sabrina lachte. „Genau so denken aber viele.“ „Deshalb ist es gut, wenn wenigstens wir es besser wissen“, meinte Dominic. Zum Schluss ließ Leon Julian den Schaumlöscher in die Hand nehmen. „Theorie ist schön, aber du musst auch wissen, wie man das Ding bedient.“ Dominic zeigte ihm die Teile. „Hier oben ist der Sicherungsstift. Der verhindert, dass du den Löscher aus Versehen auslöst. Im Ernstfall: Stift bewusst rausziehen. Dann den Schlauch oder das Rohr festhalten, auf den Brandherd zielen und den Hebel drücken.“ Leon ergänzte: „Kurze Stöße, nicht alles auf einmal leer machen. Und immer Fluchtweg im Kopf behalten – du willst nicht im letzten Eck stehen, wenn das Feuer größer wird.“ Julian hob den Löscher an und spürte das Gewicht. „Der ist schwerer, als er aussieht. Wenn man nervös ist, ist das sicher nicht ohne.“ „Genau darum üben wir das ja auch“, sagte Leon. „Damit du im Ernstfall nicht überlegen musst, was vorne und hinten ist.“ Sie stellten die Löscher wieder ordentlich in den Geräteraum zurück, Dominic ließ die Halterungen einrasten und ließ die Klappe absichtlich noch offen. „So“, meinte er, „und jetzt machen wir noch einen kleinen Check:“ Er zeigte nacheinander auf die Etiketten der drei Löscher. „Brandklassen?“ – Julian las laut die Buchstaben und ordnete sie mit den Erklärungen von vorhin zu. „Art des Löschers – Wasser, Schaum, Pulver, CO_2?“ – Julian schaute auf die Beschriftung und sagte die Antwort, manchmal zögerlich, manchmal schon sicherer. „Wo würdest du ihn einsetzen – wo lieber nicht?“ – Julian überlegte kurz, nannte Beispiele: kein Wasser bei Fett, Pulver nur, wenn's wirklich nötig ist, CO_2 nicht in winzigen Räumen. Die anderen nickten zufrieden. Man merkte, dass es langsam klick machte. Schließlich schloss Dominic den Geräteraum wieder und sie kehrten zur Vorderseite des HLF zurück. Die Halle war ruhig, nur das leise Brummen der Beleuchtung war zu hören. „Also“, meinte Sabrina schließlich, „Fazit: Schläuche kennst du, Verteiler kennst du, Hohlstrahlrohre kennst du – und jetzt weißt du auch, dass Feuerlöscher nicht nur rote Deko sind.“ Sarah lächelte. „Und du hast gesehen: Wenn man weiß, was brennt, kann man viel schneller und sicherer reagieren.“ Leon nickte. „Wissen ist bei der Feuerwehr genauso wichtig wie Mut.“ Julian sah vom HLF in Richtung des Geräteraums mit den drei Löschern und wieder zu seinen Freunden. „Ich merk mir das“, sagte er leise. „Nicht nur für irgendwelche Prüfungen, sondern damit ich im Ernstfall nichts Dummes mache.“ Dominic grinste. „Damit bist du uns schon einen großen Schritt näher.“ In der Hosentasche vibrierte Julians Handy. Eine Nachricht von Sebastian: So, ihr

Helden. Hab Training überlebt. Nächstes Mal bin ich wieder dabei – sonst werdet ihr mir noch zu gescheit!!! Julian lachte und zeigte die Nachricht den anderen. „Keine Sorge“, sagte Sabrina. „Dem erklären wir das mit den Brandklassen auch noch. Zur Not mit Bildern.“ „Stück für Stück“, meinte Leon. Julian lehnte sich kurz an die Stoßstange des HLF. Zwischen Mechanik Formeln im Kopf, den drei Feuerlöschern im Geräteraum und den vertrauten Gesichtern um ihn herum war dieses Gefühl wieder da: Er war genau da, wo er sein wollte.

Kapitel 16

Mit dem Kopf bei der Feuerwehr

Am nächsten Morgen saß Julian in der Schule, aber mit seinen Gedanken war er ganz woanders. Die Sonne schien durchs Klassenzimmerfenster, der Lehrer schrieb Formeln an die Tafel, und Julian starrte auf sein Heft – doch in seinem Kopf liefen keine Gleichungen ab, sondern Bilder vom HLF, den drei Feuerlöschern im Geräteraum und Dominics Stimme: *„Feuerlöscher ist nicht gleich Feuerlöscher. Es kommt immer darauf an, was brennt.“* Er sah vor sich, wie er den Schaumlöscher in der Hand hielt, das Gewicht spürte, das Etikett las. Er hörte Sarahs ruhige Stimme, wie sie ihm die Brandklassen erklärt hatte. A. B. C. D. F. Holz, Papier, Flüssigkeiten, Gase, Metalle, Fette… Alles ergab plötzlich einen Sinn.

„Julian?“

Die Stimme des Lehrers schnitt durch seine Gedanken wie ein Messer. Er zuckte zusammen. „Ja?“, brachte er hervor. Der Lehrer stand vor der Tafel, ein Stück Kreide in der Hand, und sah ihn mit hochgezogenen Augenbrauen an. „Vielleicht möchtest du uns alle an deinen Gedanken teilhaben lassen? Oder willst du einfach nur weiter aus dem Fenster schauen?“ Einige Mitschüler kicherten. Julian lief rot an.

„Äh… Entschuldigung, ich war kurz…“ Er suchte nach einem Wort, das nicht „bei der Feuerwehr“ war.

„…abgelenkt.“ „Das habe ich gesehen“, sagte der Lehrer trocken. „Dann kannst du ja sicher diese Aufgabe hier lösen.“ Er deutete auf eine Skizze an der Tafel – ein Balken, Kräfte, Lagerreaktionen. Julian blinzelte. Normalerweise hätte er das mit etwas Nachdenken hinbekommen. Jetzt sah er nur Linien und Pfeile, aber sein Kopf war leer. „Na los, komm nach vorne“, sagte der Lehrer. Julian stand auf, ging nach vorne und nahm zögernd die Kreide. Er versuchte, sich zu konzentrieren, aber in seinem Kopf spukte immer noch herum, wie man richtig auf ein Feuer zielt, welche Brandklasse was war, wann man keinen Pulverlöscher nehmen sollte… Er zeichnete irgendetwas hin, setzte die Kräfte falsch an, verrechnete sich. Der Lehrer sah sich das Ergebnis an, atmete deutlich hörbar aus und schüttelte den Kopf. „Julian, das ist nicht einmal mehr knapp daneben. Das hat nichts mit dem zu tun, was wir hier machen.“ Julian spürte, wie ihm heiß wurde. Er wollte irgendwas sagen, aber die Worte blieben stecken. „Nach dem Unterricht bleibst du heute eine Stunde länger da“, sagte der Lehrer ruhig, aber bestimmt. „Du holst dir ein Zusatzblatt und rechnest ein paar Aufgaben. Vielleicht bist du dann wieder im Unterricht und nicht irgendwo im Kopf spazieren.“ Ein Raunen ging durch die Reihe. Julian ließ den Kopf hängen. *Super. Nachsitzen. Wegen Träumerei.* Der Rest des Schultages zog sich wie Kaugummi. In jeder Stunde ertappte er sich dabei, wie seine Gedanken wieder in Richtung Feuerwehrhaus wanderten: Zur Fahrzeughalle. Zum HLF. Zu Dominic, Leon, Julia, Sabrina, Sebastian – und zu Sarah, die ihm geduldig die Brandklassen erklärt hatte. *Mit denen heute Abend wieder was machen...* dachte er kurz. Dann fiel ihm ein: *Stimmt ja. Nachsitzen. Danke, Gehirn.* In der letzten Stunde waren alle froh, als endlich die Glocke läutete. Für Julian war es nur das Signal, im Klassenzimmer zu bleiben. Während seine Mitschüler lachend aus dem Raum strömten, blieb er sitzen. Der Lehrer kam mit einem Stapel Kopien zu ihm. „Hier", sagte er. „Ein paar Mechanik Aufgaben. Du setzt dich nach hinten und rechnest. Wenn du Fragen hast – frag. Aber ich will sehen, dass du arbeitest." Julian nickte, nahm die Blätter schweigend und setzte sich in die hinterste Reihe. Draußen hörte er das Stimmengewirr im Gang, das Zuschlagen von Schultaschen, das Quietschen von Schuhen im Flur. Er seufzte, griff zum Stift und begann zu rechnen. Nach einer Viertelstunde merkte er, dass er langsam wieder reinkam. Nach einer halben Stunde gingen die Aufgaben schon deutlich besser. Trotzdem fühlte sich das alles wie eine Strafe an, und das war es im Grunde ja auch. Als die Stunde endlich vorüber war, sammelte der Lehrer die Blätter ein, überflog die Ergebnisse und nickte. „So", sagte er. „Wenn du im Unterricht genauso konzentriert wärst, müssten wir das hier nicht machen. Ich weiß, jeder hat seinen Kopf manchmal woanders – aber hier bist du in der Schule, nicht im Freizeitpark." Julian presste die Lippen zusammen. *Feuerwehr ist kein*

Freizeitpark, dachte er, sagte aber nichts. „Du kannst gehen", meinte der Lehrer schließlich. „Und versuch morgen, geistig auch dabei zu sein." Draußen vor der Schule holte Julian sein Handy heraus. Es vibrierte schon – verpasste Nachrichten aus der Gruppe „Feuer & Mut".

Dominic: *„Treffen wir uns heute wieder in der Halle? So gegen 18:00?"*

Sabrina: *„Ich wär dabei."*

Julia: *„Ich auch. Noch was zu Löschern und vielleicht Funk?"*

Leon: *„Bin dabei."*

Sarah: *„Ich müsste vorher noch lernen, aber kurz kann ich kommen."*

Julian seufzte, tippte mit einem unguten Gefühl.

Julian: *„Ich kann heute nicht... Hab Nachsitzen müssen wegen Träumerei in Mechanik."*

Die Antworten kamen schnell.

Sebastian: *„Hahaha, erwischt! Mit dem Kopf bei den roten Autos, was?"*

Julia: *„Oje. Nachsitzen ist bitter."*

Dominic: *„Passiert. Aber Schule geht vor, auch wenn's nervt."*

Sabrina: *„Blöd, aber hey – dafür bist du morgen wieder dabei."*

Leon: *„Morgen ist wichtiger. Übung."*

Sarah: *„Mach dir keinen Kopf. Lieber einmal Nachsitzen als durchfallen."*

Julian tippte weiter, der Frust musste raus: *„Hatte nur die ganze Zeit die Feuerwehr im Kopf. HLF, Löscher,*

alles. Der Lehrer war nicht so begeistert... Und jetzt darf ich heute nicht mit euch ins Feuerwehrhaus, obwohl ich lieber dort wär als überall sonst.“
Sebastian: *„Willkommen im Club der ‚Feuerwehr-im-Kopf-und-überall-sonst‘-Leute“*
Dominic: *„Morgen wird eh spannend genug. Donnerstag = Übung. Und du musst ja noch zum Arztgespräch und deine Beitrittserklärung abgeben.“*
Als Julian das las, kribbelte es ihm im Bauch. Stimmt. Morgen würde es ernst: Feuerwehrarzt. Offiziell beitreten. Kein „vielleicht irgendwann“ mehr.
Julian: *„Ja... das macht mich eh schon nervös. Arztgespräch, Beitritt abgeben, erste Übung als ‚fast offizieller‘...“*
Julia: *„Das wird schon. Das ist Routine.“*
Sabrina: *„Die wollen nur schauen, ob du gesund bist und nix dagegen spricht. Kein Verhör.“*
Leon: *„Genau. Ist Standard bei uns.“*
Dominic: *„Wir sind morgen alle da. Du bist nicht allein.“*
Sebastian: *„Und wenn du umkippst, haben wir wenigstens genug Leute zum Aufheben“*
Sarah meldete sich noch einmal: *„Und du weißt ja, wofür du’s machst. Du bist schon voll dabei. Der Rest ist nur Papier und Formalität.“*
Julian musste lächeln. *Nur Papier und Formalität* fühlten sich gerade sehr groß an. Am Nachmittag und frühen Abend lernte er noch etwas für die Schule, aß mit seinen Eltern und der Oma zu Abend und tat so, als wäre alles wie immer. Innerlich zählte er jedoch

die Stunden runter bis zum nächsten Tag. Später, als es draußen schon dunkel wurde, lag er im Bett, das Handy in der Hand. Er scrollte noch einmal durch die Nachrichten in der Gruppe. Dann blieb sein Blick bei einem Namen hängen.
Sarah online
Er zögerte kurz, dann öffnete er das Chatfenster mit ihr. Sein Daumen schwebte über der Tastatur. *Soll ich…? Ach komm, warum nicht.*
Er schrieb: *„Hey… Danke für deine Nachrichten vorhin. Hat gut getan."*
Es dauerte nur wenige Sekunden, dann erschien „Sarah schreibt…".
Sarah: *„Kein Problem! Ich kenn das. Manchmal dreht sich der Kopf um eine Sache und alles andere rutscht weg."*
Julian: *„Ist das bei dir auch so? Mit Schule und Feuerwehr?"*
Sarah: *„Ja. Manchmal mit Schule, manchmal mit anderen Dingen. Und in letzter Zeit auch oft mit der Feuerwehr. Und mit euch allen."*
Julian spürte, wie sein Herz ein bisschen schneller schlug.
Julian: *„Ich bin nervös wegen morgen, auch wenn alle sagen, es ist Routine. Arztgespräch, Beitritt offiziell abgeben… fühlt sich groß an."*
Sarah: *„Klar ist das groß. Ist ja auch ein wichtiger Schritt. Aber du bist doch schon mittendrin. Du lernst mit uns, du bist bei den Fahrzeugen, du warst beim*

Unfall… Morgen machst du nur offiziell, was in deinem Kopf schon entschieden ist.“
Julian: *„Schöner gesagt, als ich es hingekriegt hätte…“*
Sarah schickte ein kleines lachendes Emoji.
Sarah: *„Außerdem: Du bist nicht allein. Wir sind da, der Kommandant ist okay, der Arzt macht nur seinen Job. Und wenn du magst, können wir uns morgen ein bisschen früher sehen. Vor dem Arztgespräch. Dann bist du nicht alleine unterwegs.“*
Julian starrte einen Moment auf den Bildschirm. *Früher treffen. Mit Sarah allein. Vor der Übung.* Es kribbelte wieder im Bauch, aber diesmal auf eine angenehme Art.
Julain: *„Das… würde mir echt helfen, glaub ich. Wenn's dir nicht zu blöd ist.“*
Sarah: *„Blöd ist es nur, alleine nervös zu sein Schreib mir morgen einfach, wann du losfährst.“*
Er merkte, wie er grinste, obwohl niemand es sehen konnte.
Julian: *„Mach ich. Danke, Sarah. Wirklich.“*
Sarah: *„Gern. Und jetzt: Versuch zu schlafen. Morgen wird ein wichtiger Tag – im Guten.“*
Julian: *„Du auch. Gute Nacht“*
Sarah: *„Gute Nacht“*
Julian legte das Handy neben sich aufs Bett, starrte noch einen Moment an die Decke und ließ den Tag Revue passieren.
Nachsitzen, ja – nervig. Aber dann dachte er an all das, was in den letzten Tagen passiert war: Der

Unfall. Der erste Besuch im Feuerwehrhaus. Das HLF, die Schläuche, der Verteiler, Schere und Spreizer, die Einsatzbekleidung, der Spind mit der Nummer 94. Die drei Feuerlöscher im Geräteraum. Die WhatsApp-Gruppe „Feuer & Mut“. Gemeinsames Eisessen am Hauptplatz, der Mistkübelbrand, der Freibad-Tag. Julia, die ohne Punkt und Komma reden konnte. Dominic, der fast alles über die Feuerwehr wusste. Sebastian, der immer irgendeinen Spruch parat hatte. Sabrina mit ihrem Grinsen, das selten ganz verschwand. Leon, ruhig und sicher, fast wie ein Fels. Und Sarah – mit ihrem warmen, ruhigen Lächeln und den Nachrichten, die ihm gerade mehr Mut machten, als er zugeben würde.

Was für ein Wahnsinn, dachte er. *Vor ein paar Tagen war ich nach der Schule einfach nur heimgegangen und hab mich in Bücher vergraben. Und jetzt…*

Jetzt hatte er nicht nur ein neues Hobby. Er hatte eine Aufgabe gefunden. Und sechs Menschen, die sich langsam wie echte Freunde anfühlten. Er zog die Decke ein Stück höher, schloss die Augen und atmete tief durch. Morgen war Donnerstag. Morgen warteten Arztgespräch, Beitritt, Übung – und all das, was noch kommen würde. Mit einem leisen Lächeln auf den Lippen dachte er, kurz bevor er einschlief: *Feuer und Mut. Das passt irgendwie immer mehr zu meinem Leben.*

Kapitel 17

Offiziell dabei

Der Donnerstag begann eigentlich ganz normal. Julian saß im Klassenzimmer und starrte kurz aus dem Fenster. Der Himmel war leicht bewölkt, graue und helle Wolken zogen träge vorbei. Unten im Schulhof bewegten sich die Äste der Bäume im leichten Wind, das Laub raschelte leise. Kein strahlender Sonnenschein, kein Regen – einfach ein ganz gewöhnlicher Tag, der von außen betrachtet vollkommen unspektakulär wirkte. Innerlich fühlte sich das bei Julian allerdings ganz anders an. Ausnahmsweise versuchte er wirklich, mit dem Kopf in der Schule zu bleiben. Nach dem Nachsitzen am Vortag hatte er sich geschworen, heute nicht wieder wegzudriften. *Heute Abend ist wichtig,* dachte er. *Da will ich nicht schon wieder Ärger im Rucksack haben.* In der ersten Stunde Mathe, dann Maschinenkunde – er machte sich fleißig Notizen, nickte, stellte sogar einmal eine Frage. Der Lehrer war sichtlich erfreut, dass Julian anwesend war – nicht nur körperlich. In der dritten Stunde stand Englisch auf dem Plan. Julian kramte sein Heft aus der Tasche, setzte sich hin und hoffte auf eine ruhige Stunde. Die Lehrerin kam herein, legte ihre Unterlagen auf den Tisch, sah in die Runde – und lächelte auf eine Art, bei der allen klar war: Das wird nichts Gutes. „So“, sagte sie in einem Ton, der verdächtig freundlich klang, „heute machen wir etwas… Unangekündigtes." Ein Stöhnen ging durch die Klasse. „Nein, keine Sorge", fügte sie hinzu. „Nur ein kleiner Vokabel- und Grammatiktest. Zur Wiederholung. Blätter raus, Stifte bereit." Julian schluckte. *Perfekt. Überraschungstest. Genau das, was ich heute gebraucht habe.* Die Blätter wurden ausgeteilt. Als er seinen Bogen ansah, atmete er aber etwas auf. Es war nichts völlig Unbekanntes – Zeiten, ein paar Sätze zum Übersetzen, Textverständnis, Vokabel. *Wenn ich jetzt wieder an die Feuerwehr denke und nicht bei der Sache bin, kann ich mich gleich beim Lehrer einbetten*, dachte er. Er zwang sich, Satz für Satz durchzugehen. Präsens, Past Tense, Present Perfect. Er hörte innerlich sogar die Stimme der Lehrerin, die die Regeln erklärt hatte. Es lief besser, als er erwartet hätte. Ein paar Wörter wusste er nicht hundertprozentig, aber insgesamt fühlte es sich nicht nach Totalabsturz an. Als die Lehrerin später die Blätter einsammelte, sagte sie nur: „Ich bin gespannt. Bei manchen hab ich heute deutlich mehr Konzentration gesehen als sonst." Ihr Blick streifte kurz Julian – diesmal ohne genervten Unterton. Der restliche Schultag verlief ruhig. In der Mittagspause schrieb er kurz am Handy.

Julian → Sarah: *„Test in Englisch aus dem Nichts heute. War aber glaub ich ganz okay."*

Sarah: *„Oje, die Überraschungstests sind die schlimmsten! Freut mich, wenn du ein gutes Gefühl hast."*

Julian: *„Und bei dir?"*

Sarah: *„Viel Stoff, wenig Lust. Aber ich freu mich auf heute Abend. Denk dran: Schreib mir, wenn du zum Feuerwehrhaus losfährst."*
Julian: *„Mach ich. Bis später."*
Zu Hause gab es einen schnellen Nachmittagssnack. Seine Eltern fragten, wie die Schule war, und er erzählte vom Test – vorsichtig positiv, ohne zu sehr anzugeben. Seine Oma legte ihm beim Hinausgehen die Hand auf die Schulter. „Heute ist dein Arztgespräch, oder?" „Ja", sagte Julian. „Vor der Übung." „Das wird schon", meinte sie. „Die schauen nur, ob du gesund bist. Der Rest – das bist du." Diese einfache Bemerkung beruhigte ihn mehr, als er sich eingestehen wollte. Kurz vor halb sechs schickte er Sarah eine Nachricht.
Julian: *„Ich fahr jetzt los zum Feuerwehrhaus."*
Sarah: *„Perfekt. Bin auch schon unterwegs. Treffen wir uns beim Seiteneingang?"*
Julian: *„Ja, passt!"*
Mit etwas Nervosität im Bauch schwang er sich aufs Rad und fuhr los. Es war immer noch leicht bewölkt, der Wind pfiff etwas durch die Straßen, aber es war trocken und angenehm zu fahren. Je näher er dem Feuerwehrhaus kam, desto schneller schlug sein Herz – nicht nur wegen der Fahrt. Beim Seiteneingang angekommen, sah er sie schon. Sarah stand dort, die Hände in den Taschen ihrer Jacke, den Rucksack über einer Schulter, die Haare zum Zopf gebunden. Als sie ihn sah, lächelte sie – dieses ruhige, warme Lächeln, das er inzwischen kannte. „Hey", sagte sie. „Hey",

erwiderte er, ein bisschen zu spät. Sie gingen gemeinsam hinein, durch den Gang in die Fahrzeughalle. Das HLF stand ruhig da, die Halle war noch relativ leer. „Cola?“, fragte Sarah und deutete auf den Getränkeautomaten. „Ja, gern“, sagte Julian. Sie gingen zum Automaten, warfen Münzen rein, drückten auf die bekannte Taste. Zwei Flaschen klackten nach unten. Sarah nahm ihre Flasche in die Hand, drehte sich dann zu Julian und deutete Richtung Stiegenhaus. „Komm“, sagte sie. „Gehen wir rauf auf die Terrasse. Da ist es gemütlicher als hier unten.“ „Klingt gut“, meinte Julian. Sie stiegen die Stufen hinauf zur Terrasse. Durch eine Glastür gelangten sie auf die Terrasse, von der aus man einen Blick über den Hof und die Umgebung hatte. Draußen saßen schon zwei andere Feuerwehrmitglieder, etwas älter als sie – vermutlich aktive Mitglieder aus einer anderen Gruppe. Julian kannte sie noch nicht. Die beiden nickten kurz freundlich, als Sarah und Julian hinaustraten. „Servus“, sagte einer von ihnen. „Hallo“, antwortete Sarah, und Julian nickte schüchtern zurück. Sie suchten sich einen Platz am anderen Ende der Terrasse, setzten sich auf eine Bank an der Brüstung und schraubten ihre Colaflaschen auf. Die Luft war leicht kühl, der Wind ging über die Dächer, ließ ein paar Blätter auf dem Hof tanzen.

Einen Moment lang schwiegen sie, tranken. Es war eine angenehme Stille, nicht peinlich – eher wie eine kleine Pause vor etwas Wichtigem. „Nervös?“, fragte

Sarah schließlich und drehte die Flasche in der Hand. „Ja“, gab Julian zu. „Schon. Wegen dem Arzt. Und… naja… dass das alles heute offiziell wird.“ „Versteh ich“, sagte sie. „Aber du hast doch nichts, was dagegen spricht, oder?“ „Nein“, meinte er. „Keine Krankheiten, kein Herzzeug. Nur ein paar schlechte Noten manchmal“, fügte er schief grinsend hinzu. Sarah lachte leise. „Dafür gibt’s keine Tauglichkeitsstufe.“ „Zum Glück“, murmelte er. Er lehnte den Kopf kurz zurück und sah in den grauen Himmel, der langsam ins Abendlicht überging. „Manchmal kann ich gar nicht glauben, wie schnell das alles gegangen ist“, sagte er leise. „Vor kurzem hab ich euch nicht mal gekannt.“ „Jetzt bist du kaum noch wegzudenken“, meinte Sarah ruhig. Julian drehte den Kopf zu ihr. „Findest du?“ Sie zuckte leicht mit den Schultern, blieb aber mit dem Blick bei ihm. „Du bist motiviert, du willst lernen, du fragst nach – und du bist nicht nur wegen der Action da. Das merkt man.“ Er schluckte. „Das bedeutet mir viel… wirklich.“ Einen Augenblick lang sahen sie sich einfach nur an. Julian spürte wieder dieses Kribbeln im Bauch, das er schon aus ihren Nachrichten kannte. Er wollte irgendwas sagen, etwas Schlaues, doch in dem Moment öffnete sich die Terrassentür. „Julian?“, rief eine vertraute Stimme. Dominic steckte den Kopf hinaus. „Um sechs musst du beim Feuerwehrarzt sein. Es ist gleich soweit.“ Julian sah auf die Uhr. 17:58. „Na gut“, sagte er und stellte die Flasche zur Seite. „Jetzt gibt’s kein Zurück mehr.“ Sarah stand mit ihm auf. „Ich warte hier oben auf dich, okay? In der Kantine oder hier draußen.“ Er nickte dankbar. „Deal.“ Am Ende des Gangs im ersten Stock war eine Tür mit einem kleinen Schild, das auf den Feuerwehrarzt hinwies. Julian klopfte kurz, dann hörte er ein „Herein“ und trat ein. Drinnen saß ein Mann mittleren Alters an einem Schreibtisch, ganz normal in Jeans und Hemd gekleidet, kein weißer Kittel. Auf dem Tisch lagen ein paar Unterlagen, ein Blutdruckmessgerät und ein Stethoskop. Der Mann lächelte, als Julian eintrat. „Servus, du musst Julian sein“, sagte er. „Ich bin Thomas. Ich bin hier der Feuerwehrarzt. Hauptberuflich arbeite ich im Krankenhaus als Arzt – und privat bin ich schon seit vielen Jahren bei der Feuerwehr. Die Funktion als Feuerwehrarzt hab ich übernommen, so wie früher schon mein Vater.“ Julian setzte sich ihm gegenüber. „Hallo“, sagte er etwas nervös. „Keine Sorge“, meinte Thomas ruhig. „Wir machen das kurz und unkompliziert. Es geht nur darum, ob du für den Feuerwehrdienst geeignet bist. Kein Horror, kein großes Verhör.“ Er schlug eine Mappe auf und begann mit den Fragen: „Also, zuerst mal: Hast du irgendwelche bekannten Krankheiten? Herzprobleme, Kreislaufprobleme, Diabetes, Epilepsie oder irgendetwas anderes, das wichtig sein könnte?“ Julian schüttelte den Kopf. „Nein, nichts davon.“ „Nimmst du regelmäßig Medikamente?“, fragte Florian weiter. „Nein.“ „Hattest du schon größere Operationen?“ „Nur als kleines Kind mal

Mandeln raus, aber sonst nichts Großes“, antwortete Julian. Thomas nickte und machte sich Notizen. „Gut. Brille oder Kontaktlinsen?“ „Keine“, sagte Julian. „Ich sehe ganz normal.“ „Zahnspange?“ „Früher mal, jetzt nicht mehr.“ Thomas sah kurz auf und wurde ein kleines Stück ernster. „Wichtig ist für uns auch das Thema Atemschutz – also ob du später einmal mit Atemschutzgerät arbeiten dürftest. Deshalb frag ich dich jetzt ganz direkt: Hattest du jemals Asthma, starke Bronchitis, Atemprobleme oder ähnliches?“ Julian schüttelte wieder den Kopf. „Nein, nie. Auch als Kind nicht. Ich hab da eigentlich nie Probleme gehabt.“ „Sehr gut“, sagte Thomas. „Das ist wichtig. Ohne gesunde Lunge kein sicherer Atemschutzeinsatz. Aber bis du da hinkommst, dauert es sowieso noch – da gibt's dann später eine eigene, genauere Untersuchung.“ Julian nickte. Allein das Wort *Atemschutz* klang aufregend – aber auch ein bisschen einschüchternd. „Passt“, meinte Thomas. „Dann hör ich dich jetzt noch kurz ab und messe den Blutdruck.“ Julian ließ es über sich ergehen: Stethoskop auf Rücken und Brust, tief ein- und ausatmen, der Druck der Manschette am Oberarm, das leise Zischen beim Ablassen. Thomas nickte zufrieden. „Alles im grünen Bereich. Körperlich spricht nichts dagegen, dass du bei der Feuerwehr mitmachst.“ Julian spürte, wie eine Welle der Erleichterung durch ihn ging. „Natürlich“, fügte Thomas hinzu, „musst du immer auf dich selber achten. Wenn dir irgendwann schwindlig ist, du

Schmerzen hast oder dir was komisch vorkommt – sag was. Feuerwehr ist Teamarbeit, kein Heldenspiel. Verstanden?“ „Verstanden“, sagte Julian. Thomas unterschrieb ein Formular, stempelte es und schob es ihm zu. „Damit bist du offiziell für tauglich erklärt. Gib das bitte beim Verwaltungsdienst ab, beim Hauptverwalter – Tobias. Der kümmert sich um den Papierkram.“ „Danke“, sagte Julian. „Wirklich.“ „Gern“, meinte Thomas. „Und viel Spaß bei der Feuerwehr. Du wirst sehen – wenn man einmal drin ist, lässt es einen nicht mehr so schnell los.“ Zurück im ersten Stock ging Julian wieder in die Kantine. Sarah saß am Tisch nahe der Tür zur Terrasse, die Colaflasche jetzt leer, das Handy vor sich. Als sie ihn sah, stand sie sofort auf. „Und?“, fragte sie. Er hob das Formular. „Bin nicht durchgefallen.“ „Hab ich ja gesagt“, lächelte sie. „Jetzt muss ich das nur noch bei Tobias abgeben“, meinte Julian. „Ich komm mit“, sagte Sarah. Sie gingen gemeinsam Richtung Verwaltung. Vor der Tür blieb Sarah stehen. „Ich warte hier im Gang“, meinte sie. „Das ist dein Moment.“ Julian nickte, atmete tief durch und klopfte an. „Herein“, rief eine Stimme. Er trat ein. In dem Büro saß ein Mann mittleren Alters hinter einem Schreibtisch, umgeben von Ordnern, Computer, einem kleinen Fenster zum Hof. An der Wand hing eine Feuerwehrjacke. „Ah, du musst Julian sein“, sagte er, als er aufsah. „Ich bin Tobias, Hauptverwalter. Setz dich kurz.“ Julian setzte sich auf den Stuhl vor dem Schreibtisch. Tobias deutete auf die Mappe auf seinem Schreibtisch. „Die Beitrittserklärung hab ich schon vorbereitet", sagte er ruhig. „Andreas hat sie mir letzte Woche gegeben – alles ist schon angelegt." Dann nahm er nur noch das Tauglichkeitsformular entgegen und legte es ordentlich dazu. „Also", murmelte Tobias, während er die Daten überflog. „Name, Adresse, Geburtsdatum… passt. Unterschrift der Erziehungsberechtigten… passt. Ärztliches Gutachten… passt." Er tackerte die Blätter zusammen, legte sie auf einen Stapel und sah Julian an. „Damit ist es offiziell", sagte er. „Ab heute bist du Mitglied bei der Freiwilligen Feuerwehr." Julian blinzelte. „Wirklich?" „Ja", grinste Tobias. „Wir tragen dich in die Mitgliederliste ein, du bist versichert, bekommst deine Standesbuchnummer und bist ab jetzt nicht mehr nur ‚der Neue, der reinschnuppert', sondern einer von uns." Er stand auf, reichte Julian die Hand. „Willkommen bei der Feuerwehr." Julian nahm die Hand, und in dem Moment wurde ihm klar, dass das mehr war als nur ein Stück Papier. „Danke", brachte er hervor. Draußen im Gang wartete Sarah noch immer. Sie sah ihn an, suchte in seinem Gesicht nach einer Antwort – er presste die Lippen kurz zusammen und ließ dann ein breites Grinsen zu. „Na?", fragte sie. „Offiziell", sagte er. „Tobias hat's gesagt. Mitgliedsliste, Nummer, alles." Sarah strahlte. „Ich freu mich für dich. Ehrlich." Bevor Julian etwas erwidern konnte, kamen auch Dominic, Leon, Julia, Sabrina und

Sebastian den Gang entlang. „Na, Herr Frischling?“, rief Sebastian. „Hat er dich aufgenommen, oder hat er dich zurück zur Jugendfeuerwehr geschickt?“ „Er ist doch gar nicht in der Jugendfeuerwehr gewesen“, meinte Julia lachend. Julian hob die Schultern. „Ich bin jetzt offiziell Mitglied.“ „Dann…“, sagte Dominic und klopfte ihm auf die Schulter, „Gratulation, Kamerad.“ Sabrina umarmte ihn kurz. „Willkommen im Club der Verrückten.“ Leon reichte ihm ruhig die Hand. „Gut, dass du bei uns bist.“ Sebastian tat so, als würde er ihm einen unsichtbaren Helm aufsetzen. „Hiermit wirst du feierlich in die Chaos-Abteilung aufgenommen.“ Sarah stand daneben, lächelte nur – aber für Julian war genau dieses Lächeln der wichtigste Glückwunsch. Aus der Fahrzeughalle war plötzlich die Stimme des Kommandanten Andreas zu hören, laut und klar durchs Gebäude: „So, Leute! In zehn Minuten ist Antreten in Einsatzbekleidung! Um neunzehn Uhr wird offiziell angetreten!“ Die Gruppe wurde schlagartig etwas geschäftiger. „Das ist unser Signal“, meinte Dominic. „Rüber zu den Spinden.“ „Jetzt geht’s los“, sagte Leon ruhig. Sie gingen gemeinsam in die große Fahrzeughalle hinunter. Entlang der seitlichen und der hinteren Wand standen die Spinde in Reihen. Vor manchen Spinden standen Stiefel ordentlich nebeneinander, auf anderen hing der Helm an einer Halterung an der Seite. Man merkte, dass die Halle keine gemütliche Garderobe war: Wenn im Winter die großen Tore geöffnet wurden, zog die Kälte ohne Gnade durch und machte es in der Nähe der Spinde schnell ungemütlich. Auch heute war es nicht besonders warm. Vom Tor her zog ein leichter Luftzug durch die Halle, der Julian eine Gänsehaut über die Arme jagte. Er blieb vor seinem Spind mit der Nummer 94 stehen. Helm, Brandschutzhaube, Jacke, Latzhose, Gürtel, Stiefel, Handschuhe – alles lag bereit, so wie Patrick es mit ihm durchgegangen war. „Na los, Kamerad“, grinste Sebastian und zog sich schon die Latzhose hoch. „Zeit, sich in Schale zu werfen.“ Julian spürte, wie sein Puls wieder etwas schneller wurde – diesmal nicht vor Angst, sondern vor Vorfreude. Er zog nacheinander seine Einsatzbekleidung an, band die Latzhose zu, legte den Gürtel an, setzte die Brandschutzhaube auf, justierte den Helm und schlüpfte in die Stiefel. Die Handschuhe befestigte er zunächst an der Trageschlaufe am Gürtel, damit er sie beim Antreten noch nicht tragen musste. Neben ihm machten sich seine Freunde ebenfalls fertig. Man hörte Reißverschlüsse, klappernde Helme, leise Sprüche und Lachen. Trotzdem lag eine spürbare Ernsthaftigkeit in der Luft – gleich würde es offiziell. Als er fertig angezogen war, schloss Julian die kleine Klappe oben an seinem Spind und drehte sich zu den anderen. Dominic, Leon, Julia, Sarah, Sabrina und Sebastian sahen ihn an – alle in Einsatzbekleidung, alle bereit. „Fertig?“, fragte Leon. Julian nickte. „Fertig.“ Gemeinsam traten sie von den Spinden weg in Richtung Mitte der Halle, wo sich in wenigen

Minuten alle versammeln würden – zum ersten offiziellen Antreten dieses Abends. Für Julian war es mehr als nur ein Antreten. Es war der Start in seinen Feuerwehr-Alltag als richtiges Mitglied.

Kapitel 18

Das erste Antreten

Julian hörte überall Schritte auf Beton, leises Klirren von Helmvisieren, gedämpfte Stimmen. Die Fahrzeughalle füllte sich nach und nach mit dunkelblauen Einsatzjacken, auf denen die gelbleuchtenden Reflexstreifen im Hallenlicht auffielen. Sebastian ging neben ihm her und stieß ihn leicht mit dem Ellbogen an. „Na, bereit für dein erstes offizielles Antreten?" „Ich hoffe", murmelte Julian. Julian sah zu, wie sich bereits einige Feuerwehrmitglieder an der Linie aufstellten, sortiert in Reihen. „Und wo stehen ich heute?", fragte er. Sebastian deutete ans Ende der weißen Linie. „Ganz hinten. So wie letzte Woche." Julian zog die Augenbrauen hoch. „Wirklich?" fragte Julian etwas enttäuscht. „Ja", sagte Sebastian ruhig. „Wenn alles offiziell ist, kommst du in einen Zug und eine Gruppe. Aber das erfährst du erst gleich beim Antreten." Er grinste kurz. „Bis dahin bleibst du ganz hinten, und sobald dich der Kommandant zugeteilt hat, reihst du dich in deinem Zug ein." Julian spürte ein warmes Ziehen in der Brust. „Und… besteht eine Chance, dass ich bei euch lande?" Sebastian zog die Augenbrauen hoch, als hätte Julian gerade gefragt, ob man sich beim Fußball einfach ins Tor stellen darf, ohne jemals trainiert zu haben. „Ich würd es dir gönnen", sagte er ehrlich. „Aber ich sag's dir gleich:

Dass wir alle im selben Zug und in derselben Gruppe landen, ist fast unmöglich. Wir sind ja schon längst aufgeteilt – und das ist nicht wie eine Clique in der Schule. Das ist Einsatz-Organisation. Da schaut der Kommandant, wo wer gebraucht wird, wo Platz ist und dass die Gruppen sinnvoll zusammenpassen.“ Er zählte an den Fingern ab, damit Julian's Kopf nicht gleich explodierte. „Schau: Julia und Sarah sind im 1. Zug, 1. Gruppe. Die zwei hängen oft zusammen, aber eben dort. Ich bin im 2. Zug, 2. Gruppe – genau wie Sabrina. Und Dominic und Leon sind im 3. Zug, 2. Gruppe.“ Julian nickte langsam und ließ das sacken. „Also… selbst wenn ich zu euch will, bin ich am Ende vielleicht ganz woanders.“ „Genau“, meinte Sebastian und grinste wieder, diesmal lockerer. „Aber ‘woanders’ heißt nur: andere Reihe beim Antreten. Im Feuerwehrhaus rennst du sowieso dauernd allen über den Weg – Spinde, Waschbox, Kantine… und wenn's ernst wird, arbeiten die Züge sowieso zusammen.“ Er sah Julian kurz an. „Und ganz ehrlich: Hauptsache du bist da. Der Rest findet sich.“ Dann zuckte er mit den Schultern. „Und ob du bei *mir* landest… entscheidet der Kommandant. Aber wenn du's irgendwo gut triffst, dann bei Dominic und Leon – die erklären dir sowieso alles, ob du willst oder nicht.“ „Und noch was“ sagte Sebastian während er zur weißen Linie deutete. „Heute gibt's für dich noch ein Extra: Du wirst offiziell vorgestellt.“ Julian schluckte. „Vor… allen?“ „Ja“, sagte Sebastian ruhig. „Aber keine Panik. Das ist bei uns normal. So läuft das bei neuen Mitgliedern." Julian sah hinüber zur weißen Linie, an der sich die Reihen langsam füllten. Sein Herz schlug schneller, aber diesmal mischte sich zur Nervosität auch Stolz. *Ich gehöre jetzt wirklich dazu*, dachte er.

„So, antreten!", rief eine Stimme aus dem vorderen Bereich der Halle. Der diensthabende Zug an diesem Abend war der 2. Zug, das hatte Dominic ihm vorhin kurz erklärt. Die Aufstellung lief routiniert an – ein paar letzte Schritte, leises Stimmengewirr, das Kratzen von Stiefeln auf Beton. Julian blieb, wie vereinbart, ganz am Ende der Linie stehen, genau dort, wo er sich beim letzten Mal schon aufgestellt hatte. Er wollte nichts falsch machen, bevor alles wirklich offiziell war. Dominic warf ihm aus der Reihe einen kurzen, aufmunternden Blick zu, Leon nickte ihm ebenfalls zu. Das reichte, um Julians Nervosität ein kleines Stück kleiner zu machen. Es wurde ruhiger in der Halle. Mit dem Befehl „Habt Acht!" verstummten dann auch die letzten Gespräche und alle richteten die Aufmerksamkeit nach vorne zum Kommandierenden. Das Antreten lief im Grunde wie beim letzten Mal ab: Der diensthabende Zugskommandant meldete dem Kommandanten, darauf folgten ein paar kurze Neuigkeiten – und dann war es schließlich so weit. Der Kommandant trat nach vorne, ließ den Blick über die angetretene Mannschaft gleiten – und blieb schließlich bei Julian hängen. „Wir haben heute ein neues Mitglied in unseren Reihen", begann er mit fester, freundlicher

Stimme. „Julian“, sagte Andreas, „bitte einen Schritt vor.“ Julian atmete einmal tief durch, machte einen Schritt aus der Reihe nach vorne und blieb stehen. Er spürte viele Blicke auf sich, hörte aber gleichzeitig die Anwesenheit seiner Freunde – Dominic, Leon, Sebastian, Julia, Sarah und Sabrina. „Das ist Julian“, fuhr Andreas fort. „Wie einige von euch wissen, ist er über einen Verkehrsunfall, bei dem er vorbildlich geholfen hat, zu uns gekommen. Er hat sich in den letzten Tagen bereits unser Haus, unsere Fahrzeuge und die Ausrüstung angesehen und erste Einblicke als Beobachter bei der letzten Übung gewonnen.“ Der Kommandant nahm ein kleines Klemmbrett von seinem Stellvertreter entgegen und sah nochmal auf die Unterlagen. „Julian“, sagte er, „ab heute bist du offiziell Mitglied unserer Feuerwehr. Deine Standesbuchnummer lautet 396. Bitte merk dir diese Nummer gut – sie begleitet dich deine ganze Feuerwehrzeit lang.“ 396

Julian wiederholte sie im Kopf. 396. Spind 94. Standesbuchnummer 396. Es fühlte sich fast an wie ein geheimer Code. „Du wirst ab sofort dem 3. Zug, 2. Gruppe zugeteilt“, fuhr Andreas fort. „Dort bist du gemeinsam mit Dominic und Leon eingeteilt.“ Julian konnte nicht anders, er lächelte kurz. Dass er im selben Zug und derselben Gruppe wie die zwei sein würde, machte alles noch besser. Der Kommandant trat einen Schritt näher und sagte etwas persönlicher:

„Julian, ich heiße dich im Namen der gesamten Feuerwehr herzlich willkommen. Die Feuerwehr ist wie eine große Familie. Wir halten zusammen, wir verlassen uns aufeinander – im Einsatz und auch außerhalb. Ab heute bist du ein Teil davon.“ Er machte eine kurze Pause, dann wurde sein Ton etwas ernster. „Aber ich möchte dir auch eines klar sagen: Feuerwehr ist nicht nur Spaß, Action und spannende Übungen. Sie bringt auch Verpflichtungen mit sich. Pünktlichkeit, Verlässlichkeit, Teilnahme an Übungen, Bereitschaft zu lernen und Verantwortung zu übernehmen. Wenn du die Uniform trägst, vertrittst du unsere Feuerwehr nach außen.“ Julian nickte. „Verstanden, Herr Kommandant“, brachte er hervor. Andreas nickte zufrieden. „Gut. Wir freuen uns, dass du da bist. Ich wünsche dir für deine Feuerwehrzukunft alles Gute – und, was mindestens genauso wichtig ist: dass du immer gesund von Einsätzen und Übungen heimkommst.“ „Und jetzt reih dich gleich dort bei deinem neuen Zug ein“, sagte Andreas. Sebastian zwinkerte ihm aus seiner Position irgendwo weiter vorne zu, als wollte er sagen: *Hab ich doch gesagt.* In diesem Moment fühlte es sich endgültig an. Andreas trat wieder etwas zurück. Er wollte gerade zum dienstlichen Teil übergehen als er kurz die Hand hob, als wolle er etwas einfangen, das ihm gerade erst wieder eingefallen war. „Bevor ich’s vergesse“, sagte er, „Julian bekommt natürlich auch noch einen Feuerwehrpaten zugeteilt.“ Julian spürte sofort, wie ihm der Magen einen kleinen Hüpfer machte. *Feuerwehrpate.* Das klang plötzlich sehr offiziell. Sehr nach *jetzt bist du wirklich dabei.* „Normalerweise fragen wir beim Antreten, ob sich jemand freiwillig meldet“, fuhr der Kommandant fort. „Aber wir haben mitbekommen, dass du hier schon einiges mit Dominic gelernt hast.“ Dominic hob den Kopf ein Stück höher – so unauffällig, wie es eben ging, wenn gefühlt die halbe Halle zuhört. „Dein Pate kann er allerdings noch nicht sein“, ergänzte der Kommandant ruhig. „Dafür ist er selbst noch nicht am Ende seiner Ausbildung. Deshalb haben wir gedacht, es wäre sinnvoll, dir denselben Paten zuzuteilen.“ Julian blinzelte. *Derselbe Pate wie Dominic?* Irgendwie fühlte sich das wie ein kleiner Vertrauensbeweis an – als hätte man ihm stillschweigend schon einen Platz in dieser Gruppe reserviert. Der Kommandant richtete sich an Christoph. „Christoph, würdest du das übernehmen? Bist du einverstanden, auch Julians Feuerwehrpate zu sein?“ Christoph lächelte und nickte ohne zu zögern. „Sehr gern.“ Dann legte er mit einem schiefen Grinsen nach: „Wobei das wahrscheinlich sowieso fast keine Arbeit wird. Wenn Julian dauerhaft mit den Jungs und Mädels lernt, kann er eh bald alles.“ Ein paar Lacher gingen durch die Reihen. Dominic und Leon wurden sichtbar rot, was die Sache nur noch besser machte. Andreas schmunzelte. „Na, wenn das so ist, dann ist es damit offiziell.“ Er sah zu Julian. „Julian, Christoph ist dein Feuerwehrpate. Er ist deine erste Ansprechperson, wenn du Fragen hast, Hilfe brauchst oder irgendwo unsicher bist." Julian nickte, und diesmal fühlte sich das Nicken anders an als sonst. Fester. Sicherer. *Gut zu wissen, dass hier jemand ganz offiziell ein Auge auf mich hat.* „Ach, und Julian", setzte der Kommandant mit trockenem Ton nach, „wenn du jetzt schon so viel Zeit mit den Jungs und Mädels verbringst, dann versprich mir bitte eines: Pass dich nicht zu sehr an Sebastian an." Ein kurzes Raunen, dann wieder Gelächter. „Es reicht, wenn einer immer zu spät kommt." Sebastian verzog das Gesicht. „Haha. Sehr lustig." Julian musste sich das Lachen verkneifen – schaffte es aber nicht ganz. Der Kommandant hob wieder die Stimme, jetzt wieder einen Tick ernster. „Gut. Zurück zum Dienstlichen." „So", sagte er nach einer kurzen Pause. „Im Anschluss teilt der diensthabende Zug die Gruppen für die heutige Übung ein – Schwerpunkt heute: Fahrzeugbrand am Übungsplatz." Ein leises Murmeln ging durch die Reihen, verstummte aber schnell wieder. Andreas fuhr fort: „Wie ihr wisst, steht dort noch der PKW von der Vorwoche, mit dem wir bereits den Einsatz mit Schere und Spreizer geübt haben. Diesen verwenden wir heute in sicherer Umgebung für eine realitätsnahe Brandübung. Es gibt klare Sicherheitsabstände, der Bereich ist abgesperrt, und der Atemschutztrupp arbeitet nur nach Anweisung der Fahrzeugkommandanten." Julian spürte, wie sein Magen kurz flatterte. *Ein echter Fahrzeugbrand...* Nur zur Übung, aber trotzdem echtes Feuer, Rauch, Hitze. „Wir beginnen mit dem

Abmarsch, sobald die Einteilung abgeschlossen ist", schloss Andreas. Der diensthabende Zugskommandant übernahm wieder und begann mit der Einteilung. Namen wurden aufgerufen, Fahrzeuge zugeteilt. „HLF – Angriffstrupp, Wassertrupp, Schlauchtrupp wie besprochen. Ergänzung heute: Julian." Julian zuckte kurz zusammen, als er seinen Namen hörte. Dominic drehte den Kopf zu ihm und flüsterte: „Keine Panik. Du bist beim HLF dabei, aber du gehst heute natürlich noch nicht mit Atemschutz nach vorne zum Löschen. Du hilfst beim Aufbau, beim Schlauchmanagement und schaust dir alles genau an." Leon nickte zustimmend. „Du bist bei uns im 3. Zug, 2. Gruppe – und heute mit uns am HLF. Das ist gut so." Julian atmete durch. Nervosität – ja. Aber darunter lag auch ein stolzes, erwartungsvolles Gefühl. *Kamerad 396 – am HLF beim Fahrzeugbrand*, dachte er. Das klang gleichzeitig verrückt und genau richtig.

Kapitel 19

Erster Brandgeruch

Nach dem Antreten lösten sich die Reihen langsam auf. Befehle wurden kurz und knapp verteilt, Namen zu Fahrzeugen zugeordnet. Vor dem HLF sammelte sich die Gruppe, zu der Julian nun gehörte. „HLF-Besatzung, bei mir!", rief der Fahrzeugkommandant, welcher Christoph war. „Wir fahren gesammelt zum Übungsplatz. Kein Einsatz, nur Übung – also ohne Blaulicht und Horn, als ganz normale Verkehrsteilnehmer." Julian spürte, wie sich in ihm etwas zusammenzog – vorfreudige Nervosität. Das war das erste Mal, dass er nicht nur von außen zuschaute, sondern wirklich im Feuerwehrfahrzeug mitfuhr. Du kommst mit zu uns nach hinten", erklärte Dominic und zeigte auf die hintere Einstiegstür der Mannschaftskabine. „Angeschnallt wird trotzdem wie immer – Übung oder nicht." Sie gingen zur Beifahrerseite des HLF. Aus der Nähe wirkte das Fahrzeug fast noch größer als sonst. Julian strich kurz mit der Hand über die rote Seitenverkleidung, fühlte das kalte Metall unter den Fingern, dann zog er die schwere Tür auf. Als Julian die Stufe hinaufstieg und in die Mannschaftskabine kletterte, hatte er das Gefühl, in eine andere Welt zu steigen. Der Innenraum war höher als ein normaler PKW, die Sitze massiver, manche mit Halterungen für Atemschutzgeräte im Rücken. In den Fächern über und neben den Plätzen lagen Helme, Handschuhe, Gurte. An der Kabinenwand hingen Funkgeräte und Halterungen für Lampen, irgendwo blinkte eine kleine Kontrollleuchte. Er setzte sich auf seinen Platz, direkt neben Dominic. Der Sitz war etwas härter als in einem Auto, aber stabil, fast wie ein Arbeitsplatz. Vor ihm war nicht viel – nur die Rückseite des vorderen Sitzes und ein kleiner Griff, an dem man sich festhalten konnte. „Ein bisschen anders als die Rückbank von daheim, oder?“, grinste Dominic. „Ein bisschen“, antwortete Julian und musste selbst lachen. Er legte den Gurt an und zog ihn fest. Nach und nach stiegen auch die anderen ein. Man hörte Türen schlagen, Metall klappern, Schnallen einrasten. Vorne startete der Maschinist den Motor. Ein tiefes, kräftiges Brummen erfüllte die Kabine, leicht vibrierend bis in die Sitze. Durch das geschlossene Fahrerhaus drangen gedämpfte Geräusche – ein leises Pfeifen der Luftbremse, das Klicken der Schalter am Armaturenbrett, kurze Funksprüche. Alle angeschnallt?“, rief Christoph nach hinten. „Ja!“, kam es aus mehreren Richtungen. Julian stimmte mit ein. Er bemerkte, dass draußen im Spiegel das Blaulicht nicht eingeschaltet wurde. Für ihn war das logisch, aber trotzdem merkwürdig – ein Feuerwehrauto ohne Blaulicht fühlte sich fast „halb angezogen“ an. Das HLF setzte sich in Bewegung. Die leichte Neigung des Fahrzeugs, als es anrollte, der dumpfe Klang der Reifen auf dem Hallenboden, dann der Übergang auf den Asphalt draußen – all das nahm Julian intensiver wahr als jede andere Fahrt zuvor. Er konnte durch das Seitenfenster ein Stück nach draußen sehen: Die Fahrzeughalle blieb zurück, die Umgebung zog an ihm vorbei. Alles wirkte höher, größer, als säße er auf einem kleinen Balkon, der sich durch die Stadt schob. Vorne klackte kurz ein Funkspruch durch, der Maschinist bestätigte die Abfahrt Richtung Übungsplatz. Im Hintergrund rauschte leise das Lüftungsgebläse, irgendwo vibrierte ein Stück Ausrüstung im Takt des Motors. Julian atmete tief ein. Es roch nach einer Mischung aus Gummi, Stoff, Metall und einem Hauch von Diesel – ein Geruch, den er sofort mit „Feuerwehr" verbinden würde. „Gewöhn dich dran", meinte Leon von der anderen Seite herüber. „Das ist der Geruch von zu Hause – zumindest von unserem zweiten Zuhause." Julian lächelte. *Zweites Zuhause* – der Gedanke gefiel ihm. Die Fahrt zum Übungsplatz dauerte nur ein paar Minuten. Sie fuhren aus dem Ort hinaus, an Feldern vorbei, dann über einen geschotterten Weg zu einem umzäunten Gelände: dem Feuerwehrübungsplatz. Als das HLF langsamer wurde, konnte Julian durch die Scheibe erkennen, was ihn besonders interessierte: Den alten PKW, der schon letzte Woche als Übungsobjekt für Schere und Spreizer gedient hatte. Jetzt stand er etwas abseits in einem abgesperrten Bereich. Das HLF bog auf den Platz ein und rollte an seine zugewiesene Position. Bremsen zischten kurz, der Motor lief noch einen Moment nach, dann wurde er abgestellt. Es wurde schlagartig ruhiger in der

Kabine. „Gut“, sagte Christoph. „Wir steigen gesammelt aus. Ruhig, geordnet – keine Hektik. Wir sind hier bei einer Übung, nicht bei einem echten Alarm. Julian, du bleibst bei Dominic und Leon.“ Die Türen öffneten sich, kalte Luft strömte herein. Julian löste den Gurt, stand auf, stieg die Stufe hinunter und trat aus dem Fahrzeug. Trotzdem, dass es „nur“ eine Übung war, hatte er Gänsehaut. *Ich bin mit dem HLF hierhergefahren. Als Teil der Gruppe.* Die anderen Fahrzeuge trafen nach und nach ein – ein weiteres Löschfahrzeug und ein Mannschaftstransporter. Langsam füllte sich der Platz mit Menschen in dunkelblauer Einsatzbekleidung. Der Kommandant, Andreas, rief alle zusammen. Die Mannschaft bildete einen lockeren Halbkreis. „Also, Kameradinnen und Kameraden“, begann er, „heute üben wir einen Fahrzeugbrand unter möglichst realistischen Bedingungen. Ihr seht hier den PKW, den wir letzte Woche bereits für den technischen Einsatz mit Schere und Spreizer genutzt haben. Heute verwenden wir ihn noch einmal – diesmal für eine kontrollierte Brandübung.“ Er deutete auf den alten Wagen. Und dann übergab er das Wort an den Übungsleiter „Bei uns werden PKW-Brände grundsätzlich mit Schaum gelöscht – genauer gesagt mit unserem Druckluftschaum. Das heißt: Wir arbeiten nicht nur mit Wasser, sondern mit einem Luft-Wasser-Schaumgemisch. Das löscht schneller, kühlt besser und deckt den Brandherd ab. Außerdem erlaubt es uns, unsere normalen Hohlstrahlrohre zu verwenden.

“ Julian nickte ganz automatisch. Das hatte er sich schon in einem seiner nächtlichen Recherchen durchgelesen – und Dominic hatte es ihm auch erklärt. „Der Bereich ist abgesperrt, wir haben genug Wasser und Schaummittel, wir haben erfahrene Atemschutzträger da“, fuhr der Übungsleiter fort. „Trotzdem – Fahrzeugbrände sind nie harmlos. Airbags, Gasdruckdämpfer, Treibstoff, Reifen – all das kann gefährlich werden. Deshalb sind Sicherheitsabstände und die Befehle der Fahrzeugkommandanten absolut einzuhalten.“ Der Übungsleiter ließ den Blick kurz über die Reihen gleiten. „Darum halten wir uns – so wie ihr es in der Basisausbildung gelernt habt“, er schaute dabei bewusst zu den Jüngeren, „oder noch lernen werdet – an eine der wichtigsten Grundregeln: die GAMS-Regel.“ Er legte eine kurze Pause ein. „Wer kann sie erklären?“ Zu Julians Überraschung meldete sich Sebastian. „G wie Gefahr erkennen“, begann er, „A wie Absicherungsmaßnahmen aufbauen, M wie Menschenrettung durchführen und S wie Spezialkräfte anfordern.“ Der Übungsleiter nickte anerkennend. „Sehr gut, Sebastian. Da warst du wohl doch mal nicht zu spät.“ Ein leises Lachen ging durch die Gruppe. „Also setzen wir das gleich um. Punkt G: Gefahr erkennen. Was ist hier die Gefahr?“ Ein Kamerad, den Julian noch nicht kannte, meldete sich. „In diesem Fall ein brennender PKW.“ „Richtig“, bestätigte der Übungsleiter. „Und damit sind wir bei Punkt A. Wir sichern nicht nur den Einsatzort ab –

wir sichern vor allem auch uns selbst. Nach welcher Regel gehen wir dabei vor?“ „3-A-Regel!“, schoss Leon heraus. „Gut. Und wie lautet sie?“ „Abstand – Abschirmung – Aufenthaltszeit“, ergänzte Dominic sofort. „Komplett richtig“, sagte der Übungsleiter. „Wie setzen wir das hier um?“ Eine Frau aus der Mannschaft meldete sich. „Beim ersten A – Abstand – richten wir rundherum eine Sicherheitszone ein und sperren entsprechend ab.“ „Genau.“ Dominic hob kurz die Hand. „Und Abschirmung – damit meinen wir vor allem unseren Schutz: Atemschutz gegen gefährliche Rauchgase und die Einsatzbekleidung gegen Hitze und Funken.“ „Sehr gut“, bestätigte der Übungsleiter. Dann wandte er sich direkt an Julian. „Und was denkst du: Was ist mit dem dritten A – Aufenthaltszeit – gemeint?“ Julian zuckte kurz zusammen, weil er seinen Namen hörte. Er dachte nur einen Moment nach, dann kam die Antwort fast von selbst: „Dass man sich nur so lange wie nötig im Gefahrenbereich aufhält – und nicht länger.“ „Ganz genau“, sagte der Übungsleiter zufrieden. „Deine Denkweise passt gut zu uns.“ Er deutete wieder auf das Übungsfahrzeug. „M – Menschenrettung – ist in diesem Fall hinfällig, weil keine Person mehr im Auto ist. Aber grundsätzlich gilt: Nach dem Selbstschutz wäre das unsere oberste Priorität.“ Dann ließ er den Blick weiterwandern. „Und S – Spezialkräfte anfordern. Sabrina – was könnte das hier bedeuten?“ Erst da bemerkte Julian, dass Julia, Sarah und Sabrina gar nicht weit von ihm entfernt standen. Sabrina überlegte kurz. „In diesem Fall wahrscheinlich zusätzliche Atemschutztrupps, vielleicht ein Tanklöschfahrzeug zur Wasserversorgung – und im Anschluss Leute oder Mittel, die sich um mögliche ausgetretene Stoffe und das Binden kümmern.“ „Auch sehr gut“, sagte der Übungsleiter. „Genau so ist das gemeint.“ Julian merkte, wie seine Nervosität wieder leicht zunahm. Er hatte schon Brandvideos gesehen, aber ein echter brennender PKW in seiner Nähe war etwas anderes. „HLF übernimmt den ersten Löschangriff mit Schaum“, schloss der Übungsleiter. „Ein zweites Fahrzeug steht als Reserve und zur Wasserversorgung bereit. Ablauf wie besprochen: Entzündung, Annäherung, Brandbekämpfung, Nachkontrolle.“ Niemand stellte eine Frage. Die Sache war klar. Zurück am HLF stellte sich ihre Gruppe zusammen. Der Fahrzeugkommandant, Christoph, sprach sie direkt an: „So, kurz und knapp: Angriffstrupp geht mit Atemschutz vorne zum Fahrzeug – mit Schaum-Strahlrohr. Wasser- und Schlauchtrupp kümmern sich um die Zubringerleitung, den Aufbau und die Reserveleitung. Julian – du bist heute beim Schlauchtrupp und bleibst im Sicherheitsbereich. Du hilfst beim Auslegen, Nachführen und Aufräumen. Du gehst nicht in den heißen Bereich, verstanden?“ „Verstanden“, sagte Julian sofort. „Perfekt“, meinte Christoph. „Fragen stellst du am besten Dominic oder Leon, während wir aufbauen.“ Ein erfahrener Kamerad bereitete den PKW vor, um ihn kontrolliert zu entzünden. Das geschah in sicherer Entfernung zur Mannschaft und mit klaren Sicherheitsmaßnahmen. Ein erfahrener Kamerad bereitete den PKW vor, um ihn kontrolliert zu entzünden. Das geschah in sicherer Entfernung zur Mannschaft und mit klaren Sicherheitsmaßnahmen. Er trug die komplette Einsatzbekleidung, den Helm mit heruntergeklapptem Hitzeschutzvisier und robuste Schutzhandschuhe, sodass kein Zentimeter ungeschützt blieb. An einem längeren Stock war ein Stofflappen befestigt, der mit einer brennbaren Flüssigkeit getränkt worden war. Erst als der Übungsleiter sich vergewissert hatte, dass alle genügend Abstand hielten, gab er das Zeichen. Der Kamerad entzündete den Stofflappen, kontrollierte kurz die Windrichtung und ging mit ruhigen, routinierten Schritten auf den PKW zu. Vorsichtig führte er die kleine Flamme an die vorbereitete Stelle am Fahrzeug, bis das Material zündete und die ersten Flammen am Blech emporleckten – der Beginn eines kontrollierten Brandes. Die anderen hielten Abstand, die Blicke auf das Fahrzeug gerichtet. Als die ersten Flammen aus dem Motorraum loderten, wurde die Stimmung schlagartig ernster. Die Hitze war selbst aus der Entfernung spürbar, und der entstehende Rauch stieg in dichten Schwaden nach oben. Julian stand wie festgewurzelt da und konnte den Blick kaum abwenden. Ein Teil von ihm war erschrocken, aber ein anderer – der neugierige, der alles verstehen wollte – war fasziniert. Aus einer kleinen Brandquelle wurde in wenigen Augenblicken ein gieriges Feuer. Die Flammenzungen leckten immer höher, fraßen sich Zentimeter für Zentimeter über Kabel, Kunststoff und Dämmmaterial, bis sie sich ihren Weg unter die Haube und über die Kotflügel bahnten. Das Knistern und Knacken wurde lauter, als würden tausend kleine Funken gleichzeitig aufspringen. Dann ging alles plötzlich ganz schnell: Das Feuer griff auf den Innenraum über, die Scheiben spiegelten ein wildes, tanzendes Orange, als würde das Auto von innen heraus glühen. Die Hitze staute sich wie ein Sturm hinter dem Glas, ließ es zittern und ächzen. Erst liefen feine Risse über die Oberfläche, dann breiteten sie sich ruckartig aus wie Blitze auf einer dunklen Fläche – und im nächsten Moment zersprangen die Scheiben mit einem harten, brutalen Knall. Schließlich stand das ganze Auto im Vollbrand. Dicker, schwarzer Rauch wälzte sich in die Höhe und zog wie eine schwere Decke über den Übungsplatz. Kurz darauf rissen zwei laute Knalle die Luft auseinander. Ein kurzes Zucken ging durch die Gruppe, doch Christoph blieb ruhig. „Keine Sorge“, sagte er knapp. „Das waren entweder die Airbag-Patronen oder die Gasdruckdämpfer.“ Aber wie bei einem richtigen Einsatz blieb trotzdem alles geordnet. Die Mitglieder und Fahrzeuge standen möglichst in Windrichtung, damit niemand unnötig im Rauch stand und die Sicht sowie die Atemluft so gut wie möglich geschützt blieben. Genau das, dachte Julian, war der Unterschied zwischen bloßem Zuschauen und echter Feuerwehrarbeit: Ruhe bewahren, richtig stehen, richtig handeln – auch wenn das Feuer vor einem gerade die volle Macht zeigte. „HLF – Angriffstrupp mit Atemschutz ausrüsten!“, rief Christoph. „Schlauchtrupp, Angriffsleitung vorbereiten! Julian, bei uns!“ Sie liefen zum Geräteraum. Dieses Mal war Julian schneller als beim letzten Mal: Er öffnete ohne zu zögern den richtigen Geräteraum, holte den B-Schlauch heraus und reichte ihn Leon, während Dominic bereits den Verteiler vorbereitete. „Nicht schlecht, 396“, murmelte Leon anerkennend. „Weißt ja schon, wo was drin ist.“ Julian wurde ein bisschen rot, tat aber so, als wäre es selbstverständlich. In Wahrheit hatte er sich die Geräteraum-Aufteilung zu Hause aus einem Foto im Internet und seinen Besuchen fast auswendig gemerkt. „Ich hol gleich die C-Schläuche für die Angriffsleitung“, sagte er und griff zielsicher zur richtigen Halterung. Dominic lachte leise. „Na, schau einer an. Du weißt sogar schon, welche Leitung wohin gehört.“ Neben ihnen stand ein älterer Kamerad und beobachtete das Ganze. „Für einen, der erst seit ein paar Tagen dabei ist, ist der Bursche aber nicht auf der Nudelsuppe dahergeschwommen“, meinte er schmunzelnd. Julian tat so, als hätte er es nicht gehört, aber innerlich wuchs er ein Stück. Während Leon den Verteiler setzte, half Julian, die C-Schläuche sauber in Richtung Absperrbereich auszulegen. „Heute gehen wir gleich mit Schaum raus“, erklärte Dominic kurz. „Die Leitung ist vom

Aufbau her für dich gleich wie Wasser – aber vorne stellt der Maschinist das System so ein, dass Luft, Wasser und Schaummittel gemischt werden. Daraus wird der Schaum." „Und am Strahlrohr sieht's dann fast aus wie Rasierschaum, nur nasser", ergänzte Leon trocken. Julian nickte. Genau so hatte er es gelesen – aber es jetzt in echt zu sehen, war etwas anderes. Der Angriffstrupp, nun mit Atemschutzgeräten und Hohlstrahlrohr ausgerüstet, rückte langsam in Richtung PKW vor. Christoph stand in sicherer Distanz und gab kurze Anweisungen. „Siehst du?", flüsterte Dominic. „Annäherung seitlich, nicht direkt drauf. Und mit Schaum arbeiten wir in der Regel mit einem Schaumteppich, der sich über das Fahrzeug legt und den Brand abdeckt. Julian nickte und beobachtete genau. Von vorne, beim Angriffstrupp, kam das Kommando: „Erstes Rohr Schaum – marsch!" Der Befehl richtete sich dabei nicht direkt an den Maschinisten, sondern in Richtung Verteiler, welchen Leon besetzt hatte. Julian wusste inzwischen, dass der Verteiler immer besetzt sein musste, damit jemand die Befehle weitergeben und die Leitungen im Blick behalten konnte. Leon nahm den Ruf auf, drehte sich halb zum Fahrzeug um und gab ihn weiter: „Maschinist, Schaum marsch!" Am Pumpenstand aktivierte der Maschinist das Druckluftschaum-System. Nebenbei erklärte Leon noch kurz: „Das erste Rohr ist am Verteiler bei C immer der linke Anschluss. Wenn wir eine zweite Angriffsleitung legen, ist das dann das zweite Rohr, also der rechte C-Abgang. So weiß jeder sofort, welche Leitung gemeint ist – egal, wie laut oder stressig es wird.“ Julian prägte sich die Reihenfolge und die Logik dahinter genau ein. Die Leitung spannte sich. Aus dem Strahlrohr schoss – ganz so, wie Leon es zuvor gemeint hatte – ein eher nasser, weißer Schaum, der wirklich fast wie Rasierschaum aussah. Der Angriffstrupp begann, das Fahrzeug und seine Einzelteile mit einem dichten Schaumteppich zu überziehen und die brennenden Bereiche damit nach und nach zu löschen. Das typische Zischen mischte sich mit einem dumpferen Geräusch, als der Schaum auf heißes Metall traf. Die Flammen wurden rasch kleiner, der Rauch heller. Julian spürte, wie sich der Schlauch in seinen Händen bewegte, als vorne Druck anlag. Instinktiv führte er die Leitung ein Stück nach, damit sie nicht irgendwo hängen blieb. „Genau so“, lobte Leon. „Leitung im Blick behalten. Der Schaum vorne soll ankommen, nicht in irgendeiner Schlinge hängenbleiben.“ Wieder hörte Julian den älteren Kameraden hinter sich. „Der 396 passt ja schon auf wie ein alter Hase“, murmelte der halb ernst, halb spaßig. Nach und nach wurde der Brand zurückgedrängt. Der Angriffstrupp arbeitete sich vom Motorraum weiter in Richtung Innenraum vor, legte Schaumteppiche, kühlte kritische Bereiche und achtete darauf, nichts unnötig aufzureißen, solange noch Hitze dahinter sein konnte. Christoph, der Fahrzeugkommandant, beobachtete die Szene kurz, dann kam sein Befehl klar und ruhig: „Werkzeug zum Öffnen der Motorhaube und die Wärmebildkamera vorbereiten!" Dominic machte sich sofort auf den Weg zum Geräteraum und zog ein Gerät heraus, das für Julian auf den ersten Blick aussah wie eine Brechstange mit seltsamen Erweiterungen. Im Laufschritt rannte Dominic zurück in Richtung Angriffstrupp und übergab das Werkzeug an einen der Männer vorne am Fahrzeug, bevor er wieder zu Julian zurücklief. „Das", erklärte er, noch leicht außer Atem, „ist ein Halligan-Tool. Eine Brechstange mit erweiterten Funktionen. An einem Ende hast du eine Klinge und einen Dorn, am anderen einen Kuhfuß oder Blechschneider. Perfekt, um hier die Motorhaube aufzuhebeln, ohne ewig herum werken zu müssen." Die Feuerwehrfrau von vorhin, die Julian noch nicht kannte, hatte in der Zwischenzeit bereits eine Wärmebildkamera aus dem HLF geholt und brachte sie zu Christoph. Er nahm sie entgegen, warf einen kurzen Blick auf das Display und bereitete sich darauf vor, nach versteckten Glutnestern und Resthitze im Motorraum und Innenraum zu suchen. Währenddessen setzte der Angriffstrupp das Halligan-Tool an der deformierten Motorhaube an. Mit ein paar gezielten Schlägen und Hebelbewegungen arbeiteten sie sich Stück für Stück vor, das Metall knirschte und gab langsam nach. Nach kurzer Zeit sprang die Haube schließlich mit einem Ruck auf. Sofort richteten sie das Strahlrohr direkt in den geöffneten Motorraum und begannen, die dort noch lodernden Flammen gezielt zu löschen, während Christoph die Werte auf der Wärmebildkamera im Blick behielt. Als das Feuer schließlich komplett gelöscht war, blieb ein Fahrzeug zurück, das jetzt nicht nur verbrannt, sondern von einer dicken Schaum- und Wasserschicht überzogen war. Mit der Wärmebildkamera wurden restliche Glutnester gesucht, einzelne Stellen noch einmal mit Schaum nachbehandelt. Christoph wartete, bis die letzten Messwerte passten, dann drehte er sich zu seiner Gruppe um. „So“, sagte er. „Brand ist aus, Bereich ist sicher. Jetzt, bevor wir alles abbauen…“ Sein Blick blieb an Julian hängen. „…magst du mal?“, fragte er. Julian blinzelte überrascht. „Wie… ich?“ „Ja, du“, grinste Christoph „Kein Feuer mehr, alles unter Kontrolle. Aber das Gewicht vom Strahlrohr, die Leitung, der Druck – das musst du irgendwann spüren. Jetzt ist ein guter Moment.“ Der Angriffstrupp stand schon ein paar Schritte weiter hinten, das Strahlrohr war drucklos, aber noch angeschlossen. Der Maschinist schaute herüber und hob fragend die Hand. „Natürlich ohne Brand, nur zum Üben. Unter Aufsicht“, stellte Christoph klar und musste dabei leicht grinsen. „Die Leitung muss nach dem Schaum sowieso noch gespült werden, und der Angriffstrupp muss seine Atemschutzgeräte versorgen – also kannst das gerne du versuchen. Dominic und Leon bleiben bei dir.“ „Na Julian“, murmelte Dominic, „jetzt hast du die Chance.“ Leon nickte. „Wir bleiben bei dir.“ Julian atmete tief ein.

Sein Herz klopfte schneller, aber er nickte. „Ja… ich will es probieren.“

Kapitel 20

396 am Strahlrohr

Sie gingen gemeinsam zum Strahlrohr. Der Angriffstrupp gab es an Julian weiter. Als er es in die Hände bekam, merkte er sofort, wie schwer das Teil war – und dabei war noch gar kein Druck drauf. „Immer schön den Körper dahinter“, erklärte Christoph ruhig. „Nicht nur mit den Armen halten. Ein Bein etwas vor, Oberkörper leicht nach vorne. Das Strahlrohr nicht gegen dich arbeiten lassen, sondern mit dir.“ Dominic stellte sich leicht seitlich hinter Julian und legte ihm eine Hand kurz an die Schulter. „Wenn du dich unsicher fühlst, sag sofort was. Und keine Scheu, wenn du Unterstützung brauchst.“ Dominic hob den Kopf und rief in Richtung Fahrzeug: „Maschinist, Wasser marsch!“ Fast im selben Moment spürte Julian, wie der Schlauch am Strahlrohr lebendig wurde. Das Gewicht zog plötzlich stärker nach unten, der Schlauch wurde hart und schwer, und er musste kurz nachgreifen, um nicht die Kontrolle zu verlieren. „Jetzt mach auf“, sagte Dominic ruhig, aber bestimmt. Julian schluckte, atmete einmal tief durch und zog den Hebel nach hinten . Sofort schoss das Wasser heraus, und er spürte den Rückstoß in den Armen und bis in die Schultern. Das Strahlrohr drückte gegen seine Hände, als wolle es ihm entgleiten. Leon stellte sich hinter ihn, legte ihm eine Hand an die Schulter und stützte ihn unauffällig von hinten. Das Gefühl, dieses Mal selbst „am Rohr“ zu stehen, war für Julian einfach nur großartig – ein Mix aus Respekt, Adrenalin und kindlicher Begeisterung. Zuerst war das Wasser, das aus dem Strahlrohr trat, noch leicht milchig, durchmischt mit den letzten Resten des Schaums. Nach und nach wurde es jedoch immer klarer. Dominic zeigte nach vorne, auf den Boden zwischen ihnen und dem Übungsfahrzeug. „Schau, spül den Schaum da vor uns Richtung Auto. Alles in die Wanne.“ Julian lenkte den Strahl so, wie Dominic es ihm gezeigt hatte. Das Wasser schob den Schaumteppich langsam über den Asphalt in Richtung des ausgebrannten PKW. Rund um das Fahrzeug befand sich eine Art Brandwanne – eine eingebaute Auffangfläche, in der das Löschwasser gesammelt wurde, damit es nicht unkontrolliert in den Kanal oder ins Grundwasser gelangen konnte. Als schließlich nur noch klares Wasser aus dem Strahlrohr kam, hob Dominic wieder den Kopf: „Maschinist, Wasser halt!“ Der Befehl hallte über den Platz. Kurz darauf ließ der Druck spürbar nach, der Schlauch wurde weicher, das Strahlrohr leichter, bis kein Wasser mehr austrat und der Widerstand komplett nachgab. Julian stand noch einen Moment da, die Finger um den Griff gelegt, als könnte er das Gefühl festhalten. Die Kälte des eben noch geführten Wasserstrahls, das Vibrieren des Schlauchs, der Rückstoß – alles rauschte ihm noch durch den Kopf. „Gar nicht so schlecht für den ersten Versuch“, meinte Christoph. „Mit der Zeit geht dir das in Fleisch und Blut über.“ Julian lachte unsicher, aber glücklich. „Danke, dass ich’s probieren durfte“, sagte er leise. „Du bist jetzt ein Teil der Mannschaft“, antwortete er schlicht. „Und dazu gehört, dass man Dinge unter sicheren Bedingungen kennenlernt, bevor es ernst wird.“ „Gut, Kameraden – Rückbau! Leitungen drucklos machen, Schläuche abkuppeln, Wasser und Schaumreste ablassen. Alles sauber verstauen, als würden wir gleich wieder ausrücken.“ „So, Träumer“, meinte Leon mit einem Grinsen und riss ihn aus dem Staunen. „Lass uns abbauen, bevor wir die Letzten bei der Übungsnachbesprechung sind.“ Er klatschte leicht gegen den Schlauch. „Also, wie wir’s gelernt haben: Die schmutzigen Schläuche einfach grob ausschütteln, dann einfach rollen und samt den Schlauchträgern hinten in den Mannschaftsraum. Im Feuerwehrhaus legen wir sie dann gleich zum Reinigen bereit. Und je schneller wir jetzt alles im Fahrzeug haben, umso schneller können wir die Nachbesprechung hinter uns bringen.“ Das ließ Julian sich nicht zweimal sagen. Sofort begann er gemeinsam mit Dominic und Leon, die Leitung wieder abzubauen. Der Schlauch war schwer und nass, der Boden glitschig vom Wasser und Schaum. Während er versuchte, den ersten C-Schlauch halbwegs ordentlich zu rollen, rutschte ihm das Ende zweimal aus der Hand. Gerade in dem Moment kam einer der älteren Kameraden an ihm vorbei, Spuren von Ruß im Gesicht, das Helmvisier hochgeklappt.

Im Vorbeigehen warf er grinsend hin: „Na bravo. Jetzt hat er auch noch gespürt, wie sich Löschen anfühlt. Der 396 macht uns Konkurrenz.“ Julian musste lachen, obwohl er gleichzeitig wieder mit dem widerspenstigen Schlauch kämpfte. Irgendwie fühlte es sich gut an, wenn sie seine Nummer benutzten – nicht mehr nur „der Neue“. Der ältere Kamerad drehte sich noch einmal halb zu ihm um. „Du, 396 – also Julian, mein ich“, sagte er breit grinsend, „wenn du so weitermachst, kann man dich bald schon allein zum HLF schicken.“ „Noch nicht“, winkte Dominic ab, bevor Julian überhaupt reagieren konnte. Er stand neben ihnen, ebenfalls mit einem Schlauch in der Hand. „Aber er ist auf einem guten Weg.“ Julian grinste nur. Unter der dicken Einsatzjacke breitete sich ein warmes, zufriedenes Gefühl aus – ein Gefühl, das nichts mit der Hitze des Feuers zu tun hatte. Sebastian gesellte sich dazu, schlenkerte einen gerollten Schlauch über der Schulter. „Na, Kamerad 396“, fragte er mit einem Augenzwinkern, „wie fühlt sich dein erster Fahrzeugbrand an? Mitfahren, miterleben, mitarbeiten – und das Strahlrohr selbst in der Hand?“ Julian hielt kurz inne und ließ den Schlauch, den er gerade einrollte, für einen Moment einfach in den Händen ruhen. Vor seinem inneren Auge liefen die letzten Minuten wie ein kurzer Film ab: das dumpfe Brummen des Motors auf der Anfahrt, die leichte Vibration im Sitz, das gedämpfte Funkrauschen im Hintergrund, der Blick aus der Höhe auf die Straße. Dann der Moment, als sie ausstiegen – die Vorbesprechung dann der beißende Geruch von Rauch und verbranntem Kunststoff, das Knistern der Flammen. Er dachte an den weißen Schaumteppich vor dem Auto, an die dichten Rauchschwaden, das scharfe Zischen, als Wasser und Schaum auf das glühende Metall trafen – und an das Gewicht des Strahlrohrs in seinen Armen, den Druck, der ihn fast nach hinten gedrückt hätte, als das Wasser losging. „Ehrlich?“ sagte er dann und sah zu Sebastian. „Ein bisschen beängstigend. Aber auch … verdammt beeindruckend. Und irgendwie richtig.“ Dominic klopfte ihm von der Seite auf die Schulter, dass die Jacke leise raschelte. „Genau so soll es sein. Respekt vor dem Feuer, Respekt vor dem, was wir da tun – und der Rest kommt mit der Übung.“ Leon nickte zustimmend und hob den nächsten Schlauch auf. „Und du hast heute deinen Job gut gemacht. Ohne jemanden, der die Leitungen im Griff hat und sich was traut, bringt vorne auch der schönste Schaum nichts.“ Julian musste lachen. „Dann bin ich halt erstmal der Schlauch- und Strahlrohr-Schüler.“ Sebastian lachte auf. „Klingt nach einem Spezialauftrag. Das könntest du dir ja auf den Helm schreiben lassen.“ Sie arbeiteten weiter, Schläuche grob ausschütteln, rollen und zum Mannschaftsraum tragen. Das metallische Klacken der Kupplungen, das dumpfe Poltern der Ausrüstung im Fahrzeug und das Stimmengewirr der Kameraden ergaben diese ganz eigene Geräuschkulisse, die Julian inzwischen mit „Feuerwehr“ verband. Als sie fertig waren, blieb

Julian einen Moment neben dem geöffneten Fahrzeug stehen und sah noch einmal hinüber zu dem ausgebrannten, PKW. Der Wagen war schwarz, verzogen, das Blech wellig, die Scheiben zersprungen. Schaumreste klebten an den Radkästen und am Boden, die Brandwanne rundherum war voller schmutzigem Löschwasser. Es war kaum vorstellbar, dass das einmal ein normales Auto gewesen war, in dem jemand eingestiegen, losgefahren, Radio gehört hatte. So sieht es aus, wenn etwas wirklich brennt, dachte er. Nicht nur Bilder aus einem Lehrbuch, nicht nur Fotos in Zeitungsberichten – sondern echt, mit Geruch, Hitze und allem, was dazugehört. Und tief in ihm drin wusste er: Das hier war nicht einfach nur eine Übung gewesen. Es war ein weiterer Schritt in ein Leben, das er sich vor ein paar Wochen noch nicht einmal vorstellen konnte. Dominics Stimme holte ihn zurück. „396, kommst du? Sonst fangen sie ohne uns mit der Nachbesprechung an.“ Julian drehte sich um, warf einen letzten Blick auf das ausgebrannte Auto – und lief dann den anderen nach.

Kapitel 21

Nachbesprechung und Schläuche

Die Übung am PKW war beendet, der Brand gelöscht, der Schaumteppich begann langsam, sich zu setzen. Das HLF stand bereits wieder ordentlich am Rand des Übungsplatzes, die meisten Geräte waren verstaut, die Schläuche für den Rückweg verladen. Man merkte: Wenn jetzt ein echter Einsatz reinkäme, wären sie in kurzer Zeit wieder startklar. Noch am Weg zur Nachbesprechung, rief der Kommandant laut über den Platz: „Alle Fahrzeugkommandanten zu mir, Mannschaft fahrzeugweise antreten!“ Nach und nach bildete sich ein Halbkreis aus dunkelblauen Einsatzjacken vor dem HLF und den anderen Fahrzeugen. Der Übungsplatz war von den Scheinwerfern hell erleuchtet, der Boden nass, dazwischen Schaum- und Wasserreste. Julian stellte sich mit Dominic, Leon, Sebastian, Julia, Sarah und Sabrina etwas seitlich in die Reihe. Er war noch immer ein bisschen aufgekratzt von seinem „Strahlrohr-Moment“. Der Kommandant nickte Christoph, dem Fahrzeugkommandanten des HLF, zu. „Gut, fangen wir mit dem HLF an. Bericht.“ Christoph trat einen Schritt vor. „Ja, Herr Kommandant. Wir haben wie besprochen den ersten Löschangriff übernommen. Aufbau: Zubringerleitung, Angriffsleitung zum Angriffstrupp, Absicherung durch Schlauchtrupp. Der Angriffstrupp ist seitlich an das Fahrzeug heran, zuerst Motorraum mit Schaum abgedeckt, danach Innenraum nachbehandelt. Keine besonderen Vorkommnisse, alle Befehle ordentlich ausgeführt.“ Er machte eine kurze Pause und fügte dann hinzu: „Besonders erwähnen möchte ich heute unseren neuen Kameraden – Julian. Er war beim Schlauchtrupp eingeteilt. Trotz seiner kurzen Zeit bei uns hat er schon gewusst, wo die wichtigsten Geräte am HLF untergebracht sind und wofür sie verwendet werden. Beim Nachführen der Leitung und beim kurzen Test mit dem Strahlrohr hat er sich sehr gut geschlagen.“ Julian spürte, wie ihn einige Köpfe ansahen. Er wurde rot im Gesicht und starrte für einen Moment auf seine Stiefelspitzen. Ein paar murmelten leise anerkennend, jemand sagte: „Na schau, der Neue gibt Gas.“ Dominic stieß ihn unauffällig mit dem Ellbogen an und grinste. Die anderen Fahrzeugkommandanten berichteten nacheinander, was sie mit ihren Mannschaften gemacht hatten: Wasserreserve, Absicherung, zusätzliche Beleuchtung, Verkehrssicherung und Funkkoordination. Der Kommandant stellte zwischendurch kleine Fragen, lobte hier, machte dort einen Hinweis, was man beim nächsten Mal anders oder besser machen könnte. Zum Schluss fasste er zusammen: „Gut gemacht. Struktur hat gepasst, Sicherheit war gegeben, Schaumangriff sauber gearbeitet. Ein paar Kleinigkeiten bei der Kommunikation, aber deshalb üben wir. Wenn das im Ernstfall so läuft, sind wir zufrieden. Danke euch.“ Dann nickte er Richtung Fahrzeuge. „Zurück ins Haus. Dort rüsten wir komplett auf, dann ist Schluss für heute.“ Der Rückweg zum Feuerwehrhaus verlief ruhig. Diesmal achtete Julian bewusster auf das Gefühl im HLF: das leichte Wippen in den Kurven, das Brummen des Motors, das gleichmäßige Surren der Reifen. Draußen zogen die Lichter der Stadt vorbei, drinnen herrschte eine angenehme, müde Zufriedenheit. Im Feuerwehrhaus angekommen, war keine Rede von „jetzt chillen“. Es ging direkt weiter. „So, Leute“, rief Christoph, „Fahrzeuge wieder voll einsatzbereit machen: Wasser auffüllen, Schaummittel kontrollieren, Geräte reinigen, Schläuche runter zum Waschen und dann rauf in den Schlauchturm. Jeder packt mit an.“ Julian folgte den anderen wie selbstverständlich. Beim HLF öffneten sie die Geräteraume, holten verbrauchte Schläuche heraus, kontrollierten, ob alle Geräte wieder an ihrem Platz waren. Dominic zeigte ihm die Anzeigen und Anschlüsse am Heck des HLF. „Hier wird der Wassertank wieder aufgefüllt. Wenn wir Schaum gefahren sind, prüfen wir auch, wie viel Schaummittel noch im Tank ist – A-Schaum, B-Schaum, je nachdem. Heute haben wir aus dem A-Schaum-Tank für den PKW-Brand gearbeitet. „Und wenn der Tank nicht voll ist, kann man beim nächsten Einsatz im schlimmsten Moment blöd schauen“, ergänzte Leon. „Deshalb ist ‘nach der Übung’ erst vorbei, wenn alles wieder aufgefüllt und eingeräumt ist.“ Julian nickte. Das ergab Sinn. Es wirkte wie eine einfache Regel – aber mit ernstem Hintergrund. Als der Wassertank wieder war und die Schaummittelstände kontrolliert waren, ging es weiter. „Gut, Schläuche runter in den Keller zur Schlauchwäsche“, rief jemand. „Der Rest checkt noch Kleingeräte und legt alles trocken.“ Julian griff gemeinsam mit Dominic und Leon mehrere C- und B-Schläuche und folgte den anderen über das Stiegenhaus hinunter in den Keller. Dort wurde es kühler, die Luft roch nach feuchtem Beton, Gummi und einem Hauch von Metall. „Willkommen im Schlauchreich“, sagte Dominic halb scherzhaft. Im Keller stand eine einfache Schlauchwaschanlage. Keine große Hightech-Maschine, eher ein robuster Aufbau: Führungsrollen, Bürsten und Düsen, durch die man die Schläuche zog. Daneben eine Spülmöglichkeit, um groben Dreck vorher runterzubekommen. „Also“, begann Dominic zu erklären, während er einen der nassen Schläuche auf den Boden legte, „das hier ist eigentlich wichtiger, als es auf den ersten Blick aussieht. Die Schläuche müssen innen und außen gründlich gereinigt werden.“ Julian ging näher heran. „Wegen dem Schmutz, oder?“ „Wegen allem“, sagte Dominic. „Sand, kleine Steinchen, Dreck, aber vor allem auch Schaumreste. Wenn der Schaum trocknet, können die Reste im Schlauch innerlich verkleben. Dann wird der Schlauch steif, kann beim nächsten Mal leichter aufreißen oder undicht werden. Und das willst du im

Einsatz ganz sicher nicht haben.“ Leon nickte. „Deshalb spülen wir zuerst durch, dann ziehen wir den Schlauch durch die Bürsten mit der Wasserdüse. Außen sauber, innen sauber – und erst dann geht er rauf in den Schlauchturm zum Trocknen.“ Leon machte eine kurze Handbewegung in Richtung der aufgewickelten Schläuche. „Wobei: Innen spülen müssen wir bei diesen Leitungen jetzt nicht mehr, das haben wir ja direkt nach dem Brand schon gemacht – als du das Löschen probieren durftest und wir vom Schaum wieder auf Wasser umgestellt haben. Da haben wir die Leitung ordentlich durchgespült.“ Er grinste. „Darum reicht jetzt noch eine Außenwäsche bei den Schläuchen. Der Dreck vom Boden, Ruß, Schaumreste – das soll runter, bevor sie wieder ins Regal kommen.“ „Klingt logisch“, murmelte Julian. Sie begannen zu arbeiten. Einer führte den Schlauch bei der Spülung ein, der nächste zog ihn durch, der dritte nahm ihn am anderen Ende wieder an und legte ihn ordentlich ab. Es war eintönig – aber gleichzeitig beruhigend. „Wenn du beim Schlauchwaschen schlampst“, meinte Dominic, „merkst du’s nicht hier, sondern erst beim Einsatz. Und dann ist es zu spät.“ „Okay, überzeugt“, sagte Julian. „Also lieber einmal mehr ordentlich waschen.“ Während sie den dritten Schlauch durch die Bürsten zogen, tauchte Sarah in der Kellertür auf. Ihre Haare waren etwas zerzaust, die Jacke leicht schmutzig vom Absperren und Hin- und Herlaufen. Sie hielt einen weiteren B-Schlauch in der Hand. „Braucht ihr noch Nachschub?“, fragte sie.

„Immer“, grinste Dominic. „Komm rein mit dem Ding.“ Sie kam näher, legte den Schlauch dazu und blieb dann neben Julian stehen, als Dominic und Leon den nächsten durch die Maschine zogen. „Du warst im Mannschaftstransporter eingeteilt, oder?“, fragte Julian. Sarah nickte. „Ja. Wir haben die Straßenabsicherung gemacht. Absperren, Verkehr umleiten, imaginäre Schaulustige fernhalten. Nicht so spektakulär wie bei euch vorne, aber ohne das können die anderen auch nicht in Ruhe arbeiten.“ „Klingt trotzdem wichtig“, meinte Julian aufrichtig. Sarah lächelte kurz, sah ihm aber nicht direkt in die Augen, sondern beobachtete, wie der nächste Schlauch durch die Bürsten glitt. Das monotone Surren der Maschine, das Rauschen des Wassers und das Klatschen der nassen Schläuche auf dem Boden füllten die Waschhalle. Als Dominic sich kurz wegdrehte, um den nächsten Schlauch vom Haufen zu holen, beugte sich Sarah ein wenig zu Julian hinüber, ohne den Blick von der Anlage zu nehmen. „Wenn du willst, dass die Schläuche leichter sauber werden, musst du da oben das Ventil an der Maschine aufdrehen“, sagte sie in ganz normalem Ton, als wäre es die selbstverständlichste Erklärung der Welt. Julian folgte ihrem Blick, sah das besagte Ventil und nickte eifrig. Endlich etwas, wo er mithelfen konnte, ohne dass ihm jemand jeden Schritt abnehmen musste. Er trat einen halben Schritt zur Seite und griff nach dem Griff des Ventils. Ohne dass er es bemerkte, machte Sarah unauffällig einen Schritt zurück. Dominic, der die Szene aus dem Augenwinkel sah, blieb kurz stehen, zog die Augenbraue hoch – und ging dann mit einem breiten Grinsen zwei Schritte zur Seite, so als würde er rein zufällig „aus dem Weg“ gehen. Julian drehte das Ventil in gutem Glauben auf. Keine fünf Sekunden später zischte es irgendwo im oberen Bereich der Maschine, und ein kräftiger Wasserstrahl schoss seitlich aus einem alten, nicht mehr genutzten Rohr hervor – direkt auf ihn zu. Der kalte Schwall traf ihn voll an der Schulter. Innerhalb eines Augenblicks war Julian von oben bis unten nass. Das Wasser lief ihm unter den Kragen, in den Nacken, die Hosen klebten ihm an den Beinen, seine Haare fielen ihm tropfnass ins Gesicht. Die alte Schlauchwaschanlage hatte im Laufe der Jahre mehrere Umbauten hinter sich. Das Ventil, das Julian geöffnet hatte, leitete das Wasser in eine stillgelegte Leitung, deren Ende nie richtig verschlossen worden war. Statt in irgendein Rohrsystem zu fließen, schoss es wie aus einer schlechten Dusche direkt in Richtung desjenigen, der genau davor stand. „Ah!“, entfuhr es Julian, mehr vor Schreck als vor Kälte. Hektisch griff er wieder zum Ventil und versuchte, es zuzudrehen, während das Wasser weiter spritzte. Seine Finger rutschten kurz am nassen Metall ab, ehe es ihm gelang, den Wasserstrahl abzudrehen. In der Zwischenzeit hallte lautes Gelächter durch die Halle. Dominic stützte die Hände auf die Knie und schüttelte den Kopf. Ein anderer Kamerad pfiff anerkennend. Sarah hielt sich lachend eine Hand vor den Mund, brachte aber keinen besonders schuldbewussten Gesichtsausdruck zustande. „Sorry, das musste sein!“, rief sie zwischen Lachen und Atmen. „Da muss jeder mal durch. Dafür sparst du dir zuhause das Duschen.“ Julian stand tropfend mitten in der Pfütze, Wasser rann von seiner Jacke und tropfte von der Nasenspitze. Einen Moment lang war er einfach nur fassungslos – dann musste er selbst lachen. Die Situation war zu komisch, um sich darüber wirklich zu ärgern. „Na super“, meinte er und strich sich das nasse Haar aus der Stirn. „Erste Übung, erster Fahrzeugbrand – und erste Gratisdusche.“ „Jetzt bist du offiziell aufgenommen“, warf Dominic grinsend ein. „Wer bei der ersten Schlauchwäsche nicht von oben bis unten nass ist, hat irgendwas nicht richtig gemacht.“ Julian schüttelte noch einmal den Kopf, während seine Stiefel bei jedem Schritt leise schmatzten. Trotz der Nässe merkte er, wie sich dieses typische Feuerwehrgefühl in ihm breitmachte: ein Mix aus Gemeinschaft, Blödelei und Ernst – und mittendrin er. Dominic klatschte in die Hände. „So, Schluss mit Blödeln – wir wollen ja heute noch fertig werden.“ Er schnappte sich den nächsten Schlauch vom Haufen und trug ihn zur Anlage. Sarah trat einen halben Schritt näher zu Julian. „Komm, ich helfe dir. Sonst brauchst du nachher noch eine zweite Dusche“, meinte sie mit einem schiefen Grinsen. Sie stellten sich nebeneinander an die Maschine. Sarah – bis auf ein paar Spritzer an der Jacke – fast trocken, Julian immer noch triefend nass. Das Wasser tropfte in kleinen Rinnsalen von seiner Einsatzhose auf den Boden, unter seinen Stiefeln hatte sich bereits eine Pfütze gebildet. Gemeinsam führten sie den Schlauch in die Führung der Anlage, zogen ihn durch die Bürsten, richteten die Kupplungen und achteten darauf, dass sich nichts verdrehte. Zug um Zug, Leitung um Leitung fanden sie fast automatisch in einen gemeinsamen Rhythmus. Nach ein paar Minuten hatte sich die Stimmung wieder beruhigt; statt Lachen und Sprüchen herrschte diese typische Hintergrundkulisse der Waschhalle: das Rauschen des Wassers, das Surren der Bürsten, das Rascheln des nassen Schlauchgewebes über den Boden. Dominic ging kurz zurück zum Fahrzeug, um die nächsten Schläuche zu holen. Sarah und Julian blieben an der Maschine. Sarah verfolgte mit den Augen, wie der nächste Schlauch durch die Bürsten glitt, dann sagte sie leise, ohne ihn direkt anzusehen: „Ich hab dich gesehen, weißt du? Beim Strahlrohr." Julian blinzelte überrascht. „Echt?" „Ja", nickte sie. „Als Christoph dich gefragt hat, ob du es mal ausprobieren willst. Ich stand hinten beim Absperrband. Hab mir gedacht: *Na super, der Neue darf gleich löschen üben.*" Sie lachte kurz – ein bisschen verlegen, ein bisschen ernst. „Warst du böse?", fragte Julian unsicher. „Hmm…", machte Sarah, „böse nicht. Aber… sagen wir so: ein bisschen eifersüchtig vielleicht." Julian sah sie überrascht an. „Auf mich?" „Na, auf wen denn sonst?", sie grinste jetzt. „Ich bin schon länger dabei als du und hab mein erstes Strahlrohr nicht in der ersten Woche in der Hand gehabt.“ Julian wusste nicht, ob er lachen sollte oder sich entschuldigen. „Ich hab’s mir ja nicht ausgesucht“, sagte er. „Ich war auch ziemlich nervös.“ „Gesehen hat man das nicht“, meinte sie leise. „Du hast das gut gemacht. Und…“, sie zögerte kurz, „ich war auch stolz. Dass du dich getraut hast. Und dass du das so ernst nimmst.“ Er spürte, wie es wieder warm in seinem Gesicht wurde – nicht vor peinlicher Scham, sondern auf eine angenehm komische Art. Dominic war inzwischen zusammen mit Leon und den restlichen Schläuchen vom Fahrzeug zurückgekehrt. Die beiden beachteten Julian und Sarah aber kaum – sie waren damit beschäftigt, die nächsten Schläuche herzurichten und redeten über irgendetwas anderes. Für einen Moment fühlte es sich an, als hätten Julian und Sarah ihren eigenen kleinen Raum, nur mit Wassergluckern und Schlauchrascheln im Hintergrund. „Du warst also im Mannschaftstransporter unterwegs?“, fragte Julian, einfach um nicht völlig sprachlos neben ihr zu stehen. „Ja“, sagte Sarah und zog den nächsten Schlauch ein Stück nach vorne. „Absperren ist wichtig, aber man sieht vom Brand meistens nur aus der Ferne etwas. Wir haben Straßensicherung gemacht, Verkehr geregelt…“ Sie zuckte leicht mit den Schultern. „Als ihr dann mit Schaum drauf seid, hab ich immer wieder rüber geschaut. Und als du dann am Strahlrohr gestanden bist, hab ich mir gedacht: Na warte, der legt ja ordentlich los.“

Julian lachte leise. „Ich hab hauptsächlich versucht, nicht umzufallen." Sarah grinste. „Hat funktioniert. Zumindest bist du stehen geblieben." Der nächste Schlauch war fast durch die Bürsten gelaufen. Sarah schnappte sich das Ende, das gerade aus der Führung kam, und half ihm, es ordentlich in weiten Bögen auf den Boden zu legen. Ihre Finger berührten dabei kurz seine Hand. Es war nur ein Augenblick, aber Julian spürte jeden Millimeter dieser Berührung – warm, trotz der Nässe. Sie zog die Hand nicht sofort weg, ließ sie für den Bruchteil einer Sekunde liegen, bevor sie weitermachte, als wäre nichts gewesen. Einen Moment lang war nur das Gluckern des Wassers, das Surren der Bürsten und das dumpfe Rascheln des nassen Schlauchs zu hören. „Weißt du", sagte sie schließlich, ohne ihn direkt anzusehen, „man merkt, dass dir das hier wichtig ist. Du bist nicht nur wegen Blaulicht und coolen Fotos da." Julian atmete einmal tief durch und sah auf seine nassen Stiefel, bevor er antwortete. „Nein", sagte er leise, aber klar. „Ich glaube, ich hab selten etwas so ernst genommen wie das hier." Sarah nickte langsam, als würde sie das gegen das abgleichen, was sie heute von ihm gesehen hatte. „Das merkt man", sagte sie dann. Ein kleines, ehrliches Lächeln huschte über ihr Gesicht. „Und ich find das… gut." Dominic rief vom anderen Ende: „He, ihr zwei, träumen könnt ihr später! Der nächste Schlauch kommt schon!" „Ja, ja", murmelte Sarah, verdrehte gespielt die Augen und griff zum nächsten Schlauch. Julian musste lachen und packte mit an.

Trotzdem blieb das warme Kribbeln in seinem Bauch, als hätte er gerade mehr gelernt als nur, wie man Schläuche reinigt. Als die letzten Schläuche durch die Maschine waren, wurden sie gemeinsam zum Schlauchturm gebracht, um dort zum Trocknen hinaufgezogen zu werden. Es war Arbeit, die sich nicht nach Spektakel anfühlte – aber sie gehörte genauso dazu wie jeder Löschangriff. Während Julian mit Dominic unten die Schläuche einhängte und nach oben durchgab, stand Sarah ein Stück daneben, lehnte kurz an der Wand und sah zu. Immer wieder trafen sich ihre Blicke. *Feuerwehr ist wie eine Familie*, hatte der Kommandant gesagt. Julian stellte langsam fest, dass es für ihn noch mehr war. Es war ein Ort, an dem er Dinge lernte, die er noch nie getan hatte. Ein Ort, an dem er Freunde gefunden hatte. Und vielleicht, ganz langsam, auch jemanden, bei dem sein Herz ein kleines bisschen schneller schlug.

Kapitel 22

Cola auf der Terrasse

Als die letzten Schläuche im Schlauchturm hingen und der Keller wieder halbwegs trocken gewischt war, fühlte sich Julian zum ersten Mal an diesem Abend richtig müde – aber angenehm müde. „So", seufzte Dominic, als er die Tür vom Keller zum Erdgeschoss aufzog, „ich würde sagen: Wir haben uns jetzt eine Cola verdient." Genau in dem Moment kamen Sebastian, Sabrina und Julia von der Seite her den Gang entlang, alle drei noch in Einsatzkleidung, die Jacken vorne geöffnet. „Da bin ich dabei", meinte Sebastian sofort und fuhr sich mit der Hand über die leicht verschwitzte Stirn. Dominic grinste breit. „Da ist er ja. Wir haben dich beim Schlauchwaschen vermisst. Wo warst du denn?" Sebastian verdrehte kurz die Augen. „Christoph hat mich eingeteilt, die restlichen Geräte zu reinigen. Ich war in der Waschbox und hab das Halligan-Tool und den ganzen Krempel gründlichst geputzt. Eigentlich wollte ich mich ja vorm Schlauchwaschen drücken, aber Christoph hat mich erwischt und mir dafür diese Strafarbeit gegeben. Sabrina und Julia haben mir dann geholfen." Sabrina hob die Hände. „Freiwillig war das nicht", meinte sie trocken. Julia schmunzelte. „Wir waren quasi Zwangs-Putztrupp", fügte sie hinzu. „Aber egal – jetzt Cola", schloss Sebastian und machte eine kleine Trinkbewegung in die Luft. Die anderen lachten. „Typisch Sebastian“, meinte Leon. „Immer zu spät und sich von der Arbeit drücken – das hast du jetzt davon.“ „Ja, ja“, konterte Sebastian, „aber ich denke, ich bin heute trotzdem mehr gelaufen als beim Fußballtraining.“ „Das glaub ich dir nicht“, grinste Leon. Gemeinsam machten sie sich durch den gedämpft beleuchteten Gang auf den Weg in die Fahrzeughalle. Von irgendwoher war noch das Klacken eines Hallentors zu hören, vereinzelte Stimmen hallten durch das Gebäude, ansonsten wurde es langsam ruhiger. In der Halle trennten sie sich zu ihren Spinden. Julian stellte sich an seinen Spind. Normalerweise hing hier ordentlich seine Einsatzjacke, daneben die Hose, Helm und Stiefel griffbereit. Jetzt klebte ihm die Jacke noch am Körper, das Wasser tropfte vom Saum direkt auf den Hallenboden, und auch die Hose fühlte sich schwer und klamm an. „Super“, murmelte er und begann, die nasse Jacke auszuziehen. „Meine Einsatzbekleidung ist komplett nass. Keine Ahnung, ob das hier in der Halle jemals trocken wird, wenn ich die einfach nur hinhänge.“ Neben ihm stand Leon an seinem eigenen Spind und warf einen Blick zu ihm herüber. „Gar kein Problem“, meinte er gelassen und grinste. „Genau für sowas haben wir ja den Trockenraum. Sonst würden wir ja nie trockene Bekleidung zusammenbringen, wenn wir hier in der Fahrzeughalle warten müssten, bis alles von selbst trocknet.“ Julian sah ihn fragend an. „Trockenraum?“ „Genau“, nickte Leon. „Zieh dich erst mal um, dann zeig ich dir, wo der ist. Da kannst du alles aufhängen. Morgen ist das Zeug trocken und bereit für die nächste Action." Julian schlüpfte aus der nassen Einsatzkleidung und zog sich in Ruhe um, zurück in seine Zivilsachen. Das Gefühl, in trockene Socken und Schuhe zu steigen, war nach der unfreiwilligen Dusche an der Schlauchwaschanlage fast schon Luxus. Die nasse Jacke und Hose legte er über den Arm, die Stiefel stellte er sich bereit. Gerade in dem Moment hörten sie Dominics Stimme über die Halle klingen: „Wo bleibt ihr denn? Wir verdursten schon!" Leon rief zurück: „Geht schon mal vor! Ich muss Julian noch beim Trockenlegen helfen, wir kommen dann gleich nach!" Dann wandte er sich wieder an Julian. „Komm, 396", sagte Leon grinsend und tippte Julian leicht gegen den Oberarm, „ich zeig dir den Trockenraum. Das ist einer der wichtigsten Räume im ganzen Haus – gleich nach der Kantine." Julian musste kurz lachen. „396?" „Gewöhn dich dran", meinte Leon nur trocken. „Irgendwann hat hier jeder irgendeinen Namen." Gemeinsam schnappten sie sich die nasse Einsatzbekleidung und gingen zurück Richtung linkem Trakt, dorthin, wo die Zeugmeisterei war. Vor der versperrten Tür zur Zeugmeisterei zeigte Leon auf den Abgang, der in den Keller führte – und gleich daneben auf eine weitere Tür, die Julian bisher ehrlich gesagt nie bewusst wahrgenommen hatte. „Da rein", sagte Leon. Als Julian die Tür öffnete, blieb er stehen. Der Raum dahinter war größer, als er erwartet hätte. Eine große

Waschmaschine stand da, daneben ein kräftiger Trockner – beide nicht wie daheim im Badezimmer, sondern wie Geräte, die wirklich was aushalten mussten. Julian schaute verwundert von einem zum anderen. Leon sah ihn an, als wäre die Antwort logisch. „Du hast ja schon gelernt, dass kontaminierte Kleidung nicht nach Hause gehört“, sagte er ruhig. „Darum haben wir ja auch die Einsatz-T-Shirts. Was hast du denn gedacht, wo das alles gereinigt wird?“ Julian hob die Schultern. „Keine Ahnung… ich dachte, das macht… irgendwer.“ „Machen wir“, meinte Leon. „Hier. Dafür ist der Raum. Spezielle Maschine, spezieller Trockner – damit die Ausrüstung wieder sauber wird und niemand den Rauch oder den Dreck mit nach Hause trägt.“ Dann ging Leon ein paar Schritte weiter und öffnete eine zweite Tür. „Und *das* hier ist der Trockenraum.“ Julian trat hinein – und spürte sofort den Unterschied. Es war wärmer als im restlichen Feuerwehrhaus, nicht stickig, aber deutlich angenehmer. Von der Decke hingen stabile Halterungen, an denen man Kleiderhaken einhängen konnte, damit Jacke und Latzhose ordentlich auslüften und trocknen. An der Wand stand ein Regal, fast wie ein Schuhtrockner-System, nur viel robuster – mit Plätzen, an denen man die Stiefel sauber einstellen konnte. „Praktisch“, murmelte Julian ehrlich. Leon nickte. „Wenn du’s richtig aufhängst, ist das morgen ziemlich sicher trocken. Und jetzt: gib Gas – ich hab schon Durst.“ Julian grinste, aber er wurde wieder sorgfältig. Er hängte alles ordentlich auf, zog die Sachen glatt, damit nichts übereinander klebte, und stellte seine Stiefel sauber in das Regal, so wie Leon es ihm zeigte. Erst als wirklich alles hing und stand, wie es sollte, schloss er die Tür hinter sich. „Passt“, sagte Leon zufrieden. Und dann machten sie sich endlich auf den Weg Richtung Kantine – Richtung Cola… und, wenn Julian ehrlich war, auch Richtung Dachterrasse. Als Leon und Julian oben in der Kantine ankamen, standen die anderen bereits beim vertrauten Getränkeautomaten. „Schnell, kommt!“, rief Dominic ihnen schon von Weitem entgegen. „Sebastian spendiert fürs schiefgelaufene Drücken beim Schlauchwaschen eine Runde Cola!“ Sebastian hob abwehrend die Hände, grinste aber. „Ja, ja, treib’s nur nicht zu bunt“ Nach und nach holten sie sich alle ihre Flaschen aus dem Automaten, das vertraute *Klack* beim Herunterfallen war inzwischen schon fast ein eigenes Feuerwehrgeräusch für Julian. Mit den Colas in der Hand gingen sie durch die Tür auf die Terrasse. Draußen war es bereits dunkel. Über der Stadt lagen nur noch ein paar letzte helle Streifen vom Abend, die Luft war kühl, aber angenehm. Von unten sah man die Fahrzeughalle, den Hof, die Straße, vereinzelt Autos, die vorbeifuhren. Irgendwo bellte ein Hund. Sie setzten sich an einen der Tische. Julian zog sich den Stuhl so hin, dass er den Blick über den Hof hatte. Von hier aus sah das HLF 3 durch die Fensterfront wie ein eigenes Wesen aus – ruhig, glänzend, aber jederzeit bereit. „Also, ich fand die

Übung heute echt genial“, begann Sebastian, nachdem er einen großen Schluck genommen hatte. „Auch wenn ich nicht am Strahlrohr war. Das mit dem Schaum schaut jedes Mal aus wie in einem Film.“ „Ja“, nickte Dominic. „Vor allem, wenn’s so läuft wie heute. Sauberer Aufbau, ordentlich gearbeitet. So soll’s sein.“ Sarah lehnte sich mit der Cola in der Hand zurück. „Bei uns vorne im Mannschaftstransporter war es nicht ganz so spektakulär“, meinte sie, „aber ohne Absperrung hättet ihr auch keine Ruhe gehabt. Es waren ein paar Neugierige unterwegs, selbst dort am Übungsplatz.“ „Du hast uns vom Mannschaftstransporter aus beobachtet, oder?“, scherzte Julian vorsichtig. Sie lächelte. „Vielleicht.“ Julia grinste breit. „Also ich fand’s cool zu sehen, wie alles zusammenläuft. HLF, zweites Löschfahrzeug, Mannschaftstransporter für die Absicherung… hat irgendwie richtig professionell ausgesehen.“ „War es ja auch“, sagte Leon ruhig. „War eine gute Übung.“ Die Tür zur Terrasse ging auf, und zwei ältere Kameraden traten hinaus. Julian erkannte sie: Markus, der Maschinist vom HLF, und Hannes, erfahrener Atemschutzträger. „Na, unsere Jungmannschaft“, sagte Markus schmunzelnd. „Hab mir schon gedacht, dass ihr hier oben hockt.“ „Wer hätte das gedacht“, fügte Hannes grinsend hinzu. Die sieben rückten etwas zusammen, damit die beiden sich dazusetzen konnten. „Wir wollten euch nur noch was sagen“, begann Markus und stellte seine Flasche auf den Tisch. „Die Übung heute – das war insgesamt eine runde Sache. Und ihr wart mittendrin, nicht nur dabei.“ Sein Blick wanderte zu Julian. „Vor allem du, 396. Für deinen ersten ‚richtigen‘ Abend als offiziell Aufgenommener war das eine starke Leistung. Aufbau, Leitung im Griff, Strahlrohr kurz getestet – und du hast nicht versucht, irgendwas Blödsinniges zu machen. Das ist uns wichtig.“ „Danke“, brachte Julian hervor. „Aber ohne die anderen hätt ich das nie geschafft.“ „Genau darum geht’s ja“, meinte Hannes. „Feuerwehr ist Teamarbeit. Keiner kann alleine alles bewältigen. Aber es ist schön zu sehen, wenn jemand neu ist und nicht nur mitläuft, sondern mitdenkt.“ Es war still für einen Moment, nur das leise Zischen, wenn jemand eine Flasche öffnete, war zu hören. Die Terrassentür ging ein zweites Mal auf. Patrick, der Zeugmeister, steckte den Kopf heraus, sah zu ihnen hinüber und kam dann ganz heraus. „Aha, hier versteckt sich die Schlauchwaschfraktion“, sagte er mit gespielt strengem Blick. „Die Schläuche sind sauber“, verteidigte sich Dominic sofort. „Innen und außen. Durchgespült, gebürstet, im Turm – alles wie im Lehrbuch.“ Patrick nickte zufrieden. „Hab ich mir fast gedacht. Ich war schon unten. Sieht gut aus. Sehr gut sogar.“ Er sah reihum in die Runde. „Danke euch. Wirklich. Das ist Arbeit, die keiner sieht, aber jeder spürt, wenn sie nicht gemacht wird.“ Dann griff er in seine Hosentasche, zog ein paar Münzen heraus und klimperte damit. „Und weil ihr so brav seid – die nächste Runde Cola geht auf mich“, grinste er. „Jawohl, der beste Kamerad im Haus!“, rief Sebastian sofort. „Nur weil er Cola zahlt“, flüsterte Sabrina und grinste. Patrick ging kurz wieder hinein, und man hörte drinnen schon bald das bekannte Klimpern und Klacken des Automaten. Wenig später kam er mit mehreren Flaschen zurück und stellte sie in die Mitte. „Bedient euch. Und dann geht’s heim. Morgen ist Schule, Arbeit und was weiß ich noch alles.“ „Danke, Patrick“, sagte Julian und meinte es wirklich so. „Gern“, nickte der. „Ihr seid die Zukunft von dem Laden hier. Da kann man schon mal investieren.“ Er zwinkerte, dann ging er wieder hinein. Sie tranken, redeten durcheinander und erzählten sich gegenseitig, wie sie die Übung erlebt hatten. Sarah berichtete von der Absperrung und den neugierigen Autofahrern, die trotz Absperrband noch möglichst nah an das Geschehen heranfahren wollten. Leon schilderte, wie wichtig es gewesen war, dass die Leitung nicht verheddert und sauber nachgeführt wurde, damit vorne niemand ins Stolpern kam. Dominic sprach über die Anzeigen am HLF und wie ruhig alles technisch abgelaufen war. Julia wiederum beschrieb das Gesamtbild: das Blaulicht, den Schaum, die Kommandos, das Zusammenspiel aller Fahrzeuge und Trupps – und wie professionell das Ganze von außen gewirkt hatte. Julian hörte viel zu und mischte sich ein, wenn eine Szene aus seiner Perspektive am Schlauch vorkam. Immer wieder musste er an den Moment denken, als das Strahlrohr in seinen Händen plötzlich schwer geworden war und der Druck der Leitung es „lebendig“ gemacht hatte. „Übrigens“, meldete sich irgendwann Sebastian, „Samstag hab ich ein Spiel. Heimspiel. Wollt ihr kommen?“ „Gegen wen?“, fragte Sabrina sofort. „Gegen die aus dem Nachbarort, die uns letztes Mal 3:1 gegeben haben“, verzog Sebastian das Gesicht. „Das muss ich wieder gutmachen. Und ein Fanclub wär da nicht schlecht.“ „Dann musst du aber pünktlich sein“, grinste Dominic. „Nicht so wie bei Einsätzen.“ „Sehr witzig“, schnaufte Sebastian. „Also, kommt ihr?“ „Klar“, sagte Julian ohne Zögern. „Ich hab noch nie ein Spiel von dir gesehen.“ „Ich bin dabei“, meinte Sarah. „Wenn ich nicht lernen muss.“ „Wir organisieren einen halben Fanblock“, beschloss Julia. „Feuerwehr-Fankurve, sozusagen.“ Sabrina lächelte in sich hinein. „Dann muss ich ja sowieso kommen“, murmelte sie leise. Das Gespräch wanderte wieder Richtung Feuerwehr. „Wie geht’s jetzt eigentlich weiter?“, fragte Julian irgendwann in die Runde. „Ich mein, ich hab jetzt bei einer Übungen mitgemacht, bisschen Fahrzeugkunde, heute der Fahrzeugbrand, Strahlrohr kurz ausprobiert… aber das ist ja noch längst nicht alles.“ Dominic nickte ernst. „Da kommt noch einiges. Funk, Knoten, Löschlehre, Menschenrettung, Absichern, Funkdisziplin, Einsatzabläufe… Und wenn du das Grundzeug kannst, gibt’s bei uns noch die Einsatzfahrer-Prüfung.“ Julian runzelte die Stirn. „Einsatzfahrer-Prüfung?“ Markus stellte seine Flasche ab. „Ja. So nennen wir intern die Prüfung, bevor du bei echten Einsätzen im Fahrzeug mitfahren darfst. Nicht selber fahren – einfach nur als Teil der Mannschaft. Vorher musst du beweisen, dass du weißt, was du tust." „Was gehört da dazu?", fragte Julian sofort. „Einiges", zählte Markus auf. „Du musst die Fahrzeuge kennen: wo du einsteigst, wo du nicht einsteigst, wie du sicher aussteigst. Verhalten im Feuerwehrhaus beim Ausrücken, beim Einsteigen, während der Fahrt. Welche Ausrüstung du wann trägst. Was du beim Aussteigen zuerst machst – Absichern, auf den Verkehr schauen, nicht blind losrennen. Dann Grundlagen zu Funk, Sicherheit, Brandklassen, Grundtaktik. Und natürlich ein bisschen Praxis, damit du im Einsatz nicht zum ersten Mal einen Schlauch anfasst." Julian schluckte. „Klingt… nach viel." „Ist es auch", sagte Markus ruhig. „Aber das hat einen Grund. Wenn irgendwo ein Melder geht und du sitzt im Feuerwehrauto, muss klar sein, dass du nicht der bist, der alles blockiert, weil er nicht weiß, wo was ist." Dominic nickte. „Mach dir keinen Stress. Das kommt nicht morgen. Aber irgendwann – vielleicht nächstes Jahr – können wir anfangen, dich gezielt drauf vorzubereiten." „Genau", ergänzte Leon. „Die ganze Fahrzeugkunde, die wir jetzt machen, die Brandklassen, Schläuche, Geräte – das ist alles Teil davon. In der Prüfung ist das dann nicht mehr Übung, sondern Voraussetzung." „Unser gemeinsames Projekt", sagte Sebastian grinsend. „Operation: Julian darf bei Einsätzen mitfahren." „Nicht nur Julian", warf Sabrina ein. „Wir profitieren da alle. Wiederholen schadet niemandem." „Stimmt", meinte

Julia. „Je mehr von uns sicher im Einsatz mitfahren dürfen, desto besser.“ Julian dachte kurz nach. Der Gedanke, bei einem echten Einsatz im HLF zu sitzen, während irgendwo im Ort Sirenen heulten, war gleichzeitig aufregend und beängstigend. Aber irgendwie fühlte es sich auch wie ein logischer nächster Schritt an. Die Zeit verging, ohne dass es jemand wirklich merkte. Die Flaschen wurden leer, die Gespräche ruhiger. Die Müdigkeit nach Übung und dem Schlauchwaschen stieg langsam in die Glieder. „So, Kinder“, meldete sich Markus schließlich und stand auf. „Ich verabschiede mich. Morgen um sechs klingelt wieder der Wecker.“ „Bei mir auch“, murmelte Leon. Nach und nach erhoben sie sich alle. Stühle wurden geschoben, leises Klirren der Flaschen, ein paar Gähner, gedehnte Arme. Julian blieb einen Moment länger stehen und trat bis an das Geländer der Terrasse. Unten war der Hof jetzt fast leer. Durch die Glasfront sah er die Fahrzeuge in der Halle stehen – HLF, Löschfahrzeug, Mannschaftstransporter. Ruhig, geordnet, als würden sie schlafen, aber jederzeit bereit, wieder loszufahren. Neben ihm stellte sich Sarah hin. Einen Augenblick sagten sie nichts. „War ein guter Abend“, meinte sie schließlich leise. „Ja“, sagte Julian. „War er.“ „Und das war erst der Anfang“, fügte sie hinzu. Julian nickte. In seinem Kopf wirbelten Bilder durcheinander: der Unfall, bei dem alles begonnen hatte, der erste Besuch im Feuerwehrhaus, die Aufnahme, sein Spind, die neue Einsatzbekleidung, das HLF, der Fahrzeugbrand, das Strahlrohr, die Schläuche im Turm, die Cola-Runden – und seine neuen Freunde. „Ich bin gespannt“, sagte er, mehr zu sich selbst als zu ihr, „wie lange es dauert, bis ich die Einsatzfahrer-Prüfung machen darf.“ Sarah sah ihn von der Seite an und lächelte. „Wenn du so weitermachst wie heute, sicher früher, als du denkst.“ Unten im Hof hörte man das dumpfe Schließen einer Seitentür, irgendwo summte kurz ein Licht, das ausging. Über der Stadt blinkte in der Ferne schwach ein Blaulicht auf – vielleicht ein Rettungswagen, vielleicht eine andere Feuerwehr, vielleicht Polizei. Julian legte die Hand an das kühle Metall des Geländers. Er war müde, ja. Aber gleichzeitig hellwach in seinem Kopf. Feuerwehr war für ihn kein Zufall mehr. Es war ein Weg, der gerade erst begonnen hatte. Und tief in ihm drin formte sich ein leiser Gedanke: *Vielleicht sitze ich eines Tages bei einem echten Einsatz im HLF, mit bestandener Einsatzfahrer-Prüfung, Alarm im Ohr – und meinen Freunden an meiner Seite.* Er konnte es sich noch nicht ganz vorstellen. Aber der Gedanke fühlte sich richtig an. „Kommst du?“, fragte Sarah. „Ja“, antwortete er und drehte sich zu ihr um. Gemeinsam gingen sie zurück durch die Tür in die Feuerwehr – und die Geschichte von Feuer & Mut machte für diesen Abend eine Pause.

Aber fertig erzählt war sie noch lange nicht.

Epilog

Die Woche nach der großen Übung verging schneller, als Julian gedacht hätte. Tagsüber war Schule, Formeln, Mechanik, Projekte. Abends Hausaufgaben, Lernen – und immer wieder der Blick aufs Handy. In der „Feuer & Mut“-Gruppe wurden Einsätze diskutiert, Fotos von Übungen verschickt, dumme Memes gepostet und Pläne für das Wochenende geschmiedet. Am Samstag stand Sebastian tatsächlich am Fußballplatz, Trikot an, Schuhe geschnürt, und tat so, als wäre er der wichtigste Spieler der Liga. Auf der kleinen Tribüne saßen nebeneinander: Dominic mit einer viel zu lauten Trillerpfeife, Julia mit Kommentaren, die jedem Stadionmoderator Konkurrenz machen konnten, Sabrina mit klopfendem Herzen, Leon still, aber voll dabei – und Sarah und Julian, die sich immer wieder anlächelten, wenn Sebastian irgendeinen waghalsigen Sprint hinlegte. Es war kein Finale, kein Weltmeisterschaftsspiel – aber für sie war es ihr Spiel. Ihre kleine Welt, in der Feuerwehr, Schule, Sport und Freundschaft langsam ineinanderflossen. Am Abend danach saßen sie wieder im Feuerwehrhaus. Keine große Übung, kein Fahrzeugbrand – nur ein paar, die sich in der Kantine trafen, um zu quatschen, etwas zu trinken und Pläne zu schmieden. „Also“, begann Dominic irgendwann, „wir sollten das jetzt wirklich durchziehen.“ „Was genau?“, fragte Julian, obwohl er die Antwort schon ahnte. „Na unser Projekt“, sagte Sebastian grinsend. „Operation: Julian darf bei Einsätzen mitfahren.“ „Die Einsatzfahrer-Prüfung“, ergänzte Leon. Sarah nickte. „Fahrzeugkunde, Funk, Verhalten bei Alarm, Sicherheit…“ Julia lachte. „Und wir sind deine persönliche Lern-Taskforce.“ Sabrina hob die Cola. „Auf dass du bald bei uns im Feuerwehrauto sitzt, wenn der Melder geht.“ Julian spürte wieder dieses vertraute Kribbeln in der Brust. Erst vor Kurzem hatte er sich gefragt, ob er überhaupt mutig genug für die Feuerwehr war. Jetzt saß er hier, mittendrin, und seine Freunde redeten ganz selbstverständlich von einer Prüfung, die ihn einen Schritt näher an echte Einsätze bringen würde. „Ich weiß nicht, ob ich schon so weit bin“, gab er leise zu. „Noch nicht“, korrigierte Christoph, der gerade aus der Tür kam und ihre letzten Sätze mitgehört hatte. Er stellte sich an den Tisch, verschränkte die Arme und lächelte leicht. „Aber das musst du auch nicht sein. Noch nicht.“ Alle schauten zu ihm. „Einsatzfahrer-Prüfung ist kein Sprint“, fuhr er fort. „Es ist eher ein Marsch. Du wirst lernen, du wirst Fehler machen, du wirst Sachen vergessen und wiederholen müssen. Aber wenn du so weiterarbeitest wie bisher, Julian – und wenn ihr ihm helft“, sein Blick ging reihum, „dann sehe ich keinen Grund, warum du nicht bestehen solltest.“ Julian wusste nicht, was er sagen sollte. Also nickte er einfach. „Abgemacht?“, fragte Christoph. „Abgemacht“, antwortete Julian. Christoph grinste und lehnte sich etwas zurück. „Perfekt. Wäre ja auch ein Wunder, wenn ich eines meiner Patenkinder nicht da durchbringen würde.“ Er deutete mit dem Kopf zu Dominic. „Sieh dir Dominic an – bestes Beispiel. Am Anfang auch nervös, viel gefragt, viel geübt – jetzt werkt er, als hätte er nie was anderes gemacht und manchmal wirkt er wie ein wandelndes Feuerwehrlexikon.“ Er sah wieder zu Julian. „Und wenn du lange genug dabei bist und dranbleibst, dann stehen dir hier viele Türen offen. Egal, in welche Richtung du dich entwickeln magst – Atemschutz, Maschinist, Einsatzfahrer, Führung – du hast alle Möglichkeiten. Du musst sie nur nutzen.“ In den folgenden Tagen formte sich aus dem Spaß immer mehr ein Plan. Dominic kündigte an, dass sie sich jede Woche einen Teil vornehmen würden: einmal nur HLF – Einstieg, Ausstieg, Sitzordnung, Gerätekunde. Ein anderes Mal Funkgrundlagen. Dann wieder Sicherheitsregeln bei Alarm und Ausrücken. Zwischendurch würden sie sich im Hof treffen, Schritte durchgehen, Szenen nachstellen: Alarm, laufen, umziehen, einsteigen – ohne Hektik, aber mit System. Sarah schrieb ihm am Abend oft noch eine Nachricht: kleine Abfragen zu Brandklassen, Funkrufnamen oder Rollen im Einsatz. Leon versprach, ihn beim nächsten echten Einsatz – sobald er mitfahren durfte – nicht aus den Augen zu lassen. Sebastian nahm sich vor, ihn so lange mit Sprüchen zu nerven, bis ihm die wichtigsten Punkte im Schlaf einfallen würden. Julia und Sabrina wollten Lernzettel gestalten, die aussahen, als gehörten sie in

ein cooles Notizbuch und nicht in einen langweiligen Ordner. Und irgendwo dazwischen, zwischen allen Plänen, Übungen und Scherzen, war Julian klar geworden: Das hier war nicht mehr nur eine Phase. Nicht nur ein „Ich probier das halt mal“.
Es war sein Weg geworden.
Später, als er an einem der nächsten Abende wieder in seinem Zimmer saß, Funktionsjacke über dem Stuhl, Schulhefte auf dem Schreibtisch, Handy neben dem Collegeblock, öffnete er eine neue Seite in seinem Notizheft. Oben schrieb er in Druckbuchstaben:
Ziel: Einsatzfahrer-Prüfung
Darunter setzte er eine Liste – noch leer, nur ein paar Stichworte, die er nach und nach ergänzen würde: Fahrzeugkunde. Funk. Sicherheit. Verhalten bei Alarm. Einsatztaktik für Einsteiger. Er lehnte sich zurück und lächelte. Draußen fuhr ein Auto vorbei, irgendwo in der Ferne heulte kurz eine Sirene auf. Er wusste nicht, ob es Rettung, Polizei oder eine andere Feuerwehr war – aber allein das Geräusch ließ sein Herz schneller schlagen. *Irgendwann*, dachte er, *sitze ich wirklich in einem Feuerwehrauto. Mit allen Prüfungen bestanden. Mit vollem Vertrauen der anderen. Und mit meinen Freunden neben mir.* Bis dahin lag noch ein ganzer Weg vor ihm. Mit Tests, Übungen, Zweifeln, Erfolgen – und wahrscheinlich einer Menge Cola auf der Terrasse der Feuerwehr. Aber eines wusste er ganz sicher: Er würde ihn gehen. Schritt für Schritt. Mit Feuer & Mut.

Band 2 wartet schon – mit Alarmen, neuen Herausforderungen und einem Ziel, das näher rückt: Julians Einsatzfahrer-Prüfung.

Am Ende zählt vor allem eines:

Danke.

Danke an alle Leserinnen und Leser – ihr gebt dieser Geschichte überhaupt erst einen Sinn.

Ein ganz besonderes Danke geht an meine Familie: Danke für eure Geduld, euer Verständnis und eure Unterstützung, auch dann, wenn das Schreiben Zeit, Energie und manchmal Nerven gekostet hat. Ohne euch wäre diese Idee nie zu Papier gekommen.

Und ich möchte auch meinen ***Namenspaten*** danken, die diese Geschichte auf ihre ganz eigene Weise begleitet und mitgetragen haben. Ihr habt mich motiviert, dran zu bleiben – und ihr wart ein wichtiger Teil davon, dass aus einem Gedanken endlich ein Buch werden konnte.

Danke an alle, die an mich geglaubt haben.

Dieses Buch ist auch ein Stück von euch – und die Geschichte ist noch lange nicht fertig erzählt.

Für aktuelle Infos, Neuigkeiten und Updates schaut gerne auf der Buch-Homepage vorbei: **www.feuerundmut.com**.

ISBN 978-3-565-13629-2
9 783565 136292 00003
www.epubli.com